식민주의와 언어

대만·인도·한국에서의 동화와 저항

초판 1쇄 발행 · 2007년 8월 20일
초판 2쇄 발행 · 2007년 10월 26일

지은이 · 손준식 이옥순 김권정
발행인 · 유원식
발행처 · 도서출판 아름나무
　　　　　서울시 영등포구 문래동3가 54-66
　　　　　에이스하이테크시티 2동 1508호
전화 · (02) 707 2910
팩스 · (02) 701 2910
등록번호 · 제313-06-262호
등록일 · 2006.12.11
www.arumtree.com

이 저서는 2004년 한국학술진흥재단 지원에 의하여 연구되었음.
(KRF-2004-072-AS3011)

식민주의와 언어

대만·인도·한국에서의 동화와 저항

손준식 이옥순 김권정

도서출판 아름나무

동화同化와 저항抵抗의 기억記憶　127

식민지 조선의 일본어

김권정

머리말

이 연구는 일본과 영국의 식민지 타이완·한국과 인도에서 식민주의자의 헤게모니적 수단으로 기능한 지배자의 언어 —곧 일어와 영어의 다양한 궤적을 추적하고 분석한다. 식민주의와 언어의 상관관계는 권력과 차별의 정치와 연계된 정신적 지배(또는 문화적 제국주의)의 다른 이름이었다. 식민지에서 언어교육과 관련된 정책은 강제력을 쓰기보다 눈에 보이지 않는 권위 —개화와 문명이라는 인도주의적 프로그램으로 위장하여 사회적 통제의 청사진을 만드는 하나의 수단이었기 때문이다. 그래서 식민지배자의 언어는 종종 근대적이고 합리적인 것과 동일시되었다.

우리가 다룰 타이완과 한국, 그리고 인도에서 일어와 영어는 식민지배자들의 세계관에 동화할 식민지인을 생성하는 수단이자, 제국주의적 권력을 투사하고 식민지인의 굴종을 담보하는 주요한 매개였다. 그 궁극적 목적은 지배자의 언어 —일어와 영어를 통해 식민지인을 그들의 사회와 전통으로부터 소외시켜 지배국 일본과 영국의 문화구조로 흡수·동화하려는데 있었다. 우리의 연구는 언어를 이용하여 두 식민지배자가 식민지에서 강제한 권력의 행사와 식민지 엘리트의 종속화라는 위로부터의 식민정책과 시행과정, 그 내용 및 결과를 추적한다.

그러나 본 연구는 지배자의 헤게모니적 힘의 행사와 식민주의 체제에만 초점을 둔, 정치적 결정론적인 위로부터의 관점과 방법을 지양하고 피지배자인 타이완인과 한국인, 그리고 인도인이 각기 지배자의 헤게모니와 권력의 행사에 저항하고 순응한 제諸방식을 추적하는 새로운 연구패러다임을 지향한다. 곧 지배자의 언어를 통한 재현 제도에 반응한 피지배자의 궤적을 살필 것이다. 이는 식민지인을 식민주의 지배의 수동적 희생자와 대상으로 여기지 않고 지배자의 언어를 이용하고 자신의 정체성을 깨닫는 계기로 돌려쓴 자기 운명의 주인공으로 고양하는, 아래로부터의 연구이자 일종의 포스트콜로니얼 연구의 일환이다.

이 연구는 타이완과 인도의 경험을 비교하여 한국의 경험을 비춰보는 동시에 한국과 타이완에서 일본 제국주의의 비교를 통해 영국 제국주의의 성격을 밝히는 것이 목적이다. 우리와 지리적으로 가깝고 우리처럼 일본의 식민지였던 타이완은 19세기 말에 가장 뒤늦게, 유일한 비서구 식민국으로서 제국주의의 경쟁에 합류한 일본의 첫 식민지였다. 제국주의의 후발주자인 일본은 식민지 경영의 오랜 경험과 전 세계에 방대한 식민지를 보유한 영국의 정책과 통치방식을 취사선택하는 유리한 위치에 있었고 그것을 첫 식민지 타이완에서 실험했다. 타이완에서 일본의 실험은 곧 식민지 한국에도 적용되었다. 타이완이 점령된 1895년, 일본의 반면교사인 영국의 인도에서는 지배자의 언어를 배운 인도인이 이미 민족주의를 설파하면서 저항을 시작했다.

그러므로 인도에서 영국 식민통치의 어려움을 간파한 일본은 영국이 성공한 정책은 타이완과 한국의 식민통치에 확대 적용하고, 실패한 정책은 받아들이지 않는 기민성을 자랑했다. 일본이 타이완과 한국에서 전개한 통치정책은 지리적 인접성과 인종적 유사성을 내세워 식민지를 일본의 한 지방으로 간주하는 것이었다. 인도에서 지배층에게만 영어를 가르친 영국과 달리 일본이 타이완과 한국에서 이른바 '국어'(일어)정책을 통해 보다 전면적이고 강압적인 동화를 강행한 것은 그 때문이었다. 그러나 일본과 영국이 타이완과 한국, 그리고 인도에서 취한 통치의 기본 패러다임은 통치를 정당화하는 '야만과 문명의 이분법'이라는 공통점에 근거했다. 그런 까닭에 식민지배자들은 일어와 영어가 야만에서 문명(모던)으로 가는 길이라고 가르쳤다.

식민통치를 정당화한 그 논리는 역설적이게도 식민지인의 입장에서도 받아들일 수 있었다. 다족군多族群 다언어多言語 사회인 타이완에서 '국어' 정책은 타이완인이 자신을 의식하고 발전시키는데 큰 영향을 미쳤다. 일어라는 공통의 언어를 통해 처음으로 상호소통을 이루고 타이완인이라는 공동의식과 일체감을 강화한 것이다. 이 점은 같은 상황에서 상이한 반응을 보인 한국의 문화적 단일성과 크게 대비된다. 영어를 배운 인도인도 1870년대부터 지리적 차이와 언어의 불통을 넘어서 영어로 민족주의운동을 시작하였다. 영어를 통해 평등과 자유를 배운 그들이 지배자에게 대등한 위상과 권리를 요구한 것이다. 이번 우리 연구의 목적은 식민지배자가 강제한 언어가 식민화의 수단에서 민족주의의 언어와 정치적 자각의 언어로 바뀌는 복합적인 과정을 다룬다.

그러므로 상이하지만 닮은꼴인, 언어를 통한 식민정부의 위로부터의 강제와 그에 대한 식민지인의 아래로부터의 반응이라는 일본과 영국의 식민지에서의 변증법적 언어발전의 과정을 추적할 이 연구는 현재성을 가진 과거를 추적하는 작업이 될 것이다. 우리 연구는 일어를 통한 타이완 의식의 형성이 오늘날 타이완 사회가 겪는 정체성의 분열 내지는 혼란과 어떻게 연계되며, 인도의 최대 현안인 인도 사회

의 계층화가 어떻게 식민지시대의 언어정책과 닿아있는지를 규명한
다. 그것을 통해 본 연구는 문화적 지배의 수단인 언어가 얼마나 길
고 깊은 영향을 수반하는가에 주목하면서 오늘날 영어에 이상광풍을
보이는 우리 사회를 점검하는 또 다른 필요성에도 부응할 것이다.

　　이 책은 필자 세 사람이 한국학술진흥재단의 기초학문연구 지원
비를 받아 공동으로 연구한 결과를 묶은 것이다. 수록된 세 편의 글
은 이미 개별적으로 각 학술지에 게재되었던 것이나, 이번 출판을 계
기로 대폭 그 내용과 체제를 수정·보완하고 독자들의 흥미를 높이
기 위해 여러 장의 도판을 첨부하였다. 그럼에도 세 편의 글은 상호
유기적으로 연결되지 못하여 한 권의 저서로서의 일관된 형식과 논
지를 갖추지 못하는, 공동연구의 한계를 가진다는 점을 고백한다. 기
회가 있으면 좀 더 완성도 높은 책으로 독자들을 만날 수 있기를 기
대한다. 이 연구가 진행될 수 있도록 지원해준 학술진흥재단에 감사
드리고, 열악한 출판환경 속에서 시장성이 없는 책의 출판을 선뜻 맡
아준 도서출판 아름나무 관계자들에게 심심한 사의를 표한다.

동화同化와 개화開化의 상흔傷痕

식민지 타이완臺灣의 일어

손준식

동화同化와 개화開化의 상흔傷痕

— 식민지 타이완臺灣의 일어

타이완은 한 때 일본의 식민지였다는 점에서 우리와 역사적 경험을 공유하고 있다. 하지만 자신을 지배하고 착취한 일본에 대한 감정은 두 나라 사이에 큰 차이가 있다. 우리가 역사 바로 세우기의 일환으로 일본 식민지 지배의 상징인 조선총독부 건물을 철거한 데 반해, 타이완에서는 구 총독부 건물을 중화민국 총통부 청사로 계속 사용하고 그밖의 많은 공공기관들도 일제 강점기 때 지어진 건물을 지금까지 사용하고 있다. 또한 예전부터 각종 일본제품은 물론 일본의 대중문화 역시 전혀 거부감없이 선호하는 모습을 쉽게 볼 수 있다.

구 타이완 총독부 건물
중화민국 총통부 청사로 지금까지 사용되고 있다.

우리보다 더 오래 식민지지배(1895~1945)를 받은 타이완에서 일본에 대한 반감은 커녕, 식민지지배에 대한 긍정적인 평가가 스스럼없이 나오는 까닭은 무엇인가? 일본 지배가 식민지의 문명화 즉 근대화에 기여했다고 하는 '식민지 근대화론'이 우리 학계에서 많은 비판을 받고 있는 반면, 타이완 학계에서는 큰 저항없이 받아들여지고 전 총통 리떵후이李登輝(1923~)를 비롯한 일부 정재계 인사와 타이완독립파들이 항일운동과 일본군위안부, 고사의용대高砂義勇隊[1] 등을 비하하고 일제시대에 대한 향수와 더불어 일본의 식민지지배를 '가장 양심적인 통치'로 찬양하는[2] 이유는 무엇인가? 이에 대한 해답을 찾기 위해서는 식민지시대 뿐만 아니라 그 전후前後의 역사전개의 차이점도 함께 파악해야 하지만, 우선적으로 한국과 타이완에서의 일본의 식민지지배와 그에 따른 영향에 대해 서로 비교해 볼 필요가 있을 것이다.

다른 식민지와 마찬가지로 타이완은 일본의 식민통치를 받으면서 식민지화와 근대화, 즉 동화와 개화의 이중적 과정을 겪었다. 식민정책 가운데 특히 일어보급운동(정책)은 일본문화와 정신의 이식이라는 점에서 동화의 기능을, 근대교육과 지식의 전수라는 점에서 개화의 기능을 동시에 수행했다. 그 결과 타이완의 한인漢人은 중국인으로서의 정체성identity에 혼란을 느끼는 동시에, '타이완인'[3] 으로서의 정체성을 '발견'하게 되는 이중적 경험을 하게 된다. 이러한 '타이완(인)의식'은 전후戰後 중국국민당 정부의 실정失政과 탄압 그리고 장기독재를 거치면서 확대·심화되었고, 특히 민주화 과정을 거쳐 최근 타이완 독립을 표방한 민진당이 집권하면서 더욱 복잡한 요소를 내포하게 된다. 현재 타이완 사회에서 최대 이슈가 되고 있는 '통독統獨(중국과의 통일이냐 대만 독립이냐)문제'와 정체성 혼란의 근원에 바로 '타이완의식'이 자리하고 있다는 점에서, '타이완의식' 형성의 주된 요인인 일제의 일어보급운동과 그 영향에 대해 이해할 필요가 있을 것이다.

　　지금까지 식민지 타이완에서의 일어(보급)운동에
관한 연구는 주로 식민정책의 일환으로서 통치자
의 입장에서 다루어졌고, 교육정책과 제도에만 초
점이 맞추어지는 한계를 드러냈다. 대표적인 연구
는 Patricia Tsurumi와 차이마오펑蔡茂豊의 책 및
곤도 쥰코近藤純子와 오자와 유사꾸小澤有作의 글이
다.[4] 이들 외에 사회교육이나 사회운동의 관점에서
일어보급운동을 다룬 우원싱吳文星의 연구와 사회
언어학적인 이론을 적용하여 '황민화' 시기의 '국
어(일어)' 운동을 분석한 저우완야오周婉窈의 논문[5]
등도 있지만, 이러한 연구들도 일어운동과 다른 식
민정책과의 연관성 및 일어운동에 대한 타이완인
의 반응과 대응의 문제를 소홀히 취급했다.[6] 즉 다
족군多族群 ethnic groups,[7] 다언어多言語 사회로서의
타이완[8]이 갖는 특성을 주목하지 못한 것이다. 또
(원주민을 제외한) 타이완인에게 일본의 식민지배 전
후에 중국이라는 '조국' 이 존재했다는, 다른 식민
지와의 차별성을 고려한 연구도 별로 없었다. 그러
므로 일제에 의해 획일적으로 강요된 일어운동이
타이완의 각 족군 · 계층 및 세대에게 어떻게 받아
들여졌고 그들 간의 관계에 어떠한 영향을 미쳤으
며, 이른바 '타이완의식' 의 형성에 어떤 역할을 하
였는지를 명쾌하게 밝혀주는 연구는 아직 나오지
않았다.

　　본 연구는 일어운동을 일본 식민당국이 시행한

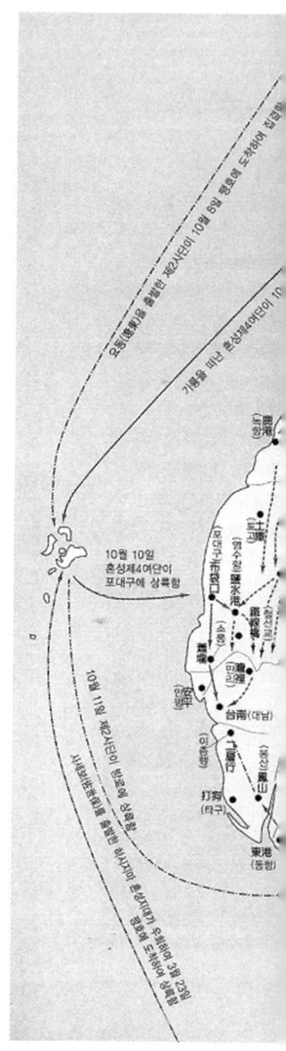

다른 통치정책(운동)과 연계시켜 그 변화의 추이와 성격을 파악하는 동시에 이에 대한 타이완 각 족군·계층·세대의 반응과 대응을 그들의 기록 — 문장과 문학작품 및 회고록 등을 바탕으로 추적하여 일본측 공식사료(관방문서와 신문기사 등)에 기초한 기존의 일방적인 연구의 미비점을 보완하려는 것이다. 피지배자의 입장에서 일어운동의 실상과 영향을 밝히는 본 연구는 일본의 패망 전후에 타이완인이 느꼈던 정체성 혼란과 광복 후 국민당정부 치하의 언어전환 과정에서 겪어야 했던 신체적·정신적 갈등과 아픔을 통해 식민지배의 폐해와 상흔이 장기적임을 드러내 보이고자 한다.

1. 동화의 언어

1895년 청일전쟁의 승리로 타이완을 할양받은 일본은 이민족 통치에 반대하는 타이완인의 저항을 무력으로 진압하면서 힘겹게 타이완을 점령했다. 식민지경영의 경험이 전무했고 준비가 부족했던 일본은 예기치 못한 타이완 주민의 격렬한 저항과 열강의 견제 속에 내부적 이해대립을 겪으면서 식민지 통치체제를 점차 완성해 갔다. 당초 일본정부가 타이완의 치안이 불안하고 일본과의 왕래가 불편하며 풍토와 민심이 본국과 다르다는 이

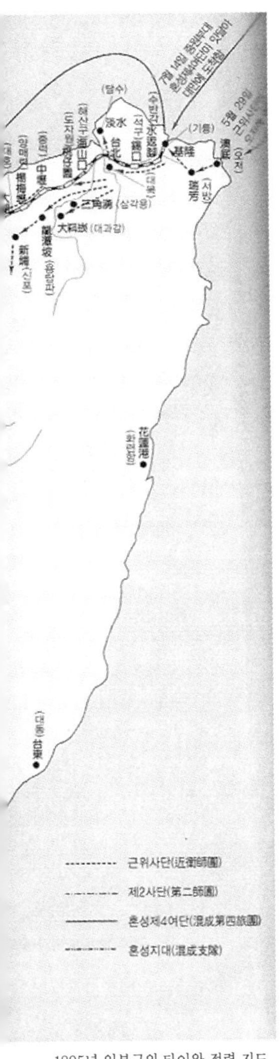

1895년 일본군의 타이완 점령 지도

성 명 (생몰년)	취임일자	출신
1. 樺山資紀(가바야마 스케노리: 1837-1922)	1895. 5.10	해군대장
2. 桂太郎(가쓰라 다로: 1848-1913)	1896. 6. 2	육군중장
3. 乃木希典(노기 마레스케: 1849-1912)	1896.10.14	육군중장
4. 兒玉源太郎(고다마 겐타로: 1852-1906)	1898. 2.26	육군중장
5. 佐久間左馬太(사쿠마 사마타: 1844-1915)	1906. 4. 1	육군대장
6. 安東貞美(안도 테이비: 1853-1932)	1915. 5. 1	육군대장
7. 明石元二郎(아카시 모토지로: 1864-1919)	1918. 6. 6	육군중장
8. 田健治郎(덴 겐지로: 1855-1930)	1919.10.29	정 우 회
9. 內田嘉吉(우치다 가키치: 1866-1933)	1923. 9. 6	정 우 회
10.伊澤多喜男(이자와 다키오: 1869-1949)	1924. 9. 1	헌 정 회
11.上山滿之進(가미야마 미츠노신: 1869-1938)	1926. 7.16	헌 정 회
12.川村竹治(가와무라 다케지: 1871-1955)	1928. 6.16	정 우 회
13.石塚英藏(이시즈카 에죠: 1866-1942)	1929. 7.30	민 정 당
14.太田政弘(오타 마사히로: 1871-1951)	1931. 1.16	민 정 당
15.南弘(미나미 히로시: 1869-1946)	1932. 3. 2	정 우 회
16.中川健藏(나카가와 겐죠: 1875-1944)	1932. 5.27	민 정 당
17.小林躋造(고바야시 세죠: 1877-1962)	1936. 9. 2	해군대장
18.長谷川淸(하세가와 키요시: 1883-1970)	1940.11.27	해군대장
19.安藤利吉(안도 리키치: 1884-1946)	1944.12.30	육군대장

유로 타이완총독에게 율령律令 제정권을 부여한 위임입법제도(소위 '六三法')를 도입함으로써, 타이완은 일본 헌법의 보장을 받지 못하는 법률적·정치적인 이역異域이 되었다. 1898년 제4대 총독으로 부임한 고다마 겐타로兒玉源太郎는 민정국장 고토 신뻬이後藤新平(1857~1929)의 생물학적 식민통치 책략에 따른 점진주의 원칙을 따라 극단적인 동화나 파괴를 지양하고 타이완인의 풍속습관과 사회조직을 존중하면서도 실제로는 이를 이용하여 민심을 수렴하고 반항을 잠재우는 정책을 채택하였다. 동시에 타이완 거주 한족漢族과 원주민 및 일본인에 대한 법적·정치적 대우와 교육내용 등을 달리하는 격리주의 정책을 시행했다.

　그 결과 타이완에서 한족·원주민·일본인의 세 계통으로 나뉘어진 차별 교육이 실시되었다. 총독부는 교육을 동화의 수단으로 이용하였지만, 1919년까지 확실한 학제 도입을 미루고 단지 식민지 통치와 개발에 필요한 일어와 기초기술 교육에만 중점을 두었다.[8] 이를 위해 식민당국은 점령 직후부터 일어보급정책을 제정하여 학교교육과 사회교육, 심지어 사회동원 등의 여러 경로를 통해 적극적으로 일어를 가르쳤다. 그것은 단순히 식민통치에 필요한 공식어만이 아닌 '국어國語'라는[10] 이름의 '강제'였다. 이것은 국가주의자로 '국가교육사國家敎育社'를 발기했던 타이완총독부 초대 학무부장學務部長 이자와 슈지伊澤修二(1851~1938)의 작품이었다. 그는 신 영토를 교화敎化하기 위해서는 먼저 언어와 사상이 소통되어야 한다고 여기고 우선적으로 언어학습 시설을 세워 타이완인과 일본인들이 서로 상대의 언어를 배우도록 함과 동시에, 타이완인을 일본인으로 동화시키기 위한 장기적인 교육사업도 실시해야 한다고 주장했다.[11]

　1895년 7월 타이완총독부는 타이완 점령을 아직 마무리하지 못한 상태에서 북부지역에 지산암학당芝山巖學堂을 비롯한 여러 학교를 설립하여[12] 타이완인에게 일어를 가르쳤다. 다음해 3월 총독부는 타이베이臺北 스린士林의 지산암학당을 '국어학교國語學校'로 개편하고, 타이완 각 지역에 '국어전습소國語傳習所' 14곳(나중에 16곳으로 늘어남)을 설립하여[13] 주요 일어교육기관으로 삼았다. '국어학교'는 사범부와 어학부로 구성되었는데, 사범부는 본국에서 모집한 일본인을 '국어전습소'의 교원으로 양성하기 위해 설립한 것으로 후에 타이베이 제일 사범학교로 발전했다. 어학부는 다시 '국어'과와 '토어土語'과로 나뉘었는데 식민행정에 필요한 관리양성을 목적으로 '국어'과는 타이완학생을 모집하여 일어를, '토어'과는 일본학생을 모집하여 타이완어를 가르쳤다.[14] '국어전습소'는 타이완인에게 일어를 전수하고 일본정신을 배양시킬 목적으로 설립한 것으로 15세 이상 성인층을 대상으로 통역 등을 속성으로 가르치는 갑과甲科와 15세 이하 청소년을 대상으로 일어를 중심으로 한 초등교육을 실시하는 을과乙科로 구성되었다.[15]

1898년 7월에는 「타이완공학교령臺灣公學校令」을 반포하고 각 지방행정기관들이 자체 경비로 6년제 공학교를 설립하여 '국어전습소'를 대신하도록 했다. 동시에 「공학교규칙公學校規則」을 반포하여 공학교에 수신修身 · 산술算術 · 국어 작문 · 독서 · 습자習字 · 창가唱歌 · 체조(창가와 체조는 1899년 추가됨) 등의 교과목을 두고 일본 국민성의 배양과 기초실용교육의 훈련에 중점을 두었다. '국어'과는 "일어 맥락을 따르는 보통문"을 토대로 구어로서의 일본어를 가르쳤고, 독서과는 소학小學 · 삼자경三字經 · 효경孝經 및 사서四書 등 한문 경전을 교재로 하여 5,6학년부터 일본훈독법에 따라 일어로 가르쳤다. 따라서 작문과 습자를 포함하면 일어는 공학교 고학년 수업시간의 약 70%를 차지했다. 그밖에 수신 · 산술 · 창가 등도 사실상 일어교육의 성과를 강화하는 보조 과목의 성격을 갖고 있었다. '국어'과의 설치는 일본 본국보다 앞선 것으로, 일본에서는 2년 뒤인 1900년에 처음으로 독서 · 작문 · 습자를 통합한 '국어'교과목이 등장했다. 이는 지금까지 없었던 '국어'로서의 일어가 식민지지배의 전선에서 가장 필요하였음을 보여준다.[16]

한편 총독부는 중국정부 및 한문화의 영향을 타이완에서 단절하기 위해 청조가 타이완에 설치한 현유학縣儒學 · 서원 · 의숙義塾 등의 관학官學을 전부 폐지시켰다. 다만 점령 초기 식민지 교육기구가 채 정비되지 않았고 예산 부족으로 모든 학령아동을 수용할 공학교를 일시에 설립할 수 없었기 때문에, 민간의 전통 한문서방漢文書房을 존속토록 허용하였다.[17] 대신 1898년 11월「서방 의무에 관한 규정關於書房義務規程」을 반포하여 한문서방을 정부가 관리하고 일어와 산술을 가르치도록 규정하여 공학교 교육의 보조기관으로 삼고자 하였다.[18] 그 후(1904년)「공학교규칙」을 개정하여 작문·독서·습자를 '국어'과에 통합하고 한문과를 독립시켜 매주 5시간(1907년 5,6학년의 수업시수를 4시간으로 축소함)을 교수토록 하였다. 이어서(1905년) 일본의 대화大和사상 주입을 주내용으로 하는『타이완교과용서臺灣敎科用書 –한문독본漢文讀本』을 출판하여 공학교 한문교재로 삼게 하고, 1911년에는 민간서방에서도 이 책을 반드시 가르치도록 했다. 즉 타이완총독부의 교육정책은 타이완인 자제를 진심으로 교육시키려는 것이 아니라 타이완인들이 일어를 알아듣고 말할 수 있게 하여 일본인으로 동화시키는데 최종 목적이 있었다. 이런 점에서 한문 교육은 단지 타이완인 학보모가 자녀를 공학교에 보내도록 유혹하는 일종의 미끼에 불과했다.[19]

이러한 조치에도 공학교에 취학하는 아동들이 많지 않고 일어보급율이 저조하자 총독부는 새롭게 '국어'보급운동을 전개하였다. 1912년「공학교규칙」을 수정하여 일어과목의 시수를 늘리고 3,4학년의 한문 시수를 주당 4시간으로 줄였다.[20] 1915년에는「시정20년기념사업」의 일환으로 보갑保甲제도를 통한 방족단발放足斷髮(전족을 풀고 변발을 자르는)운동을 실시하면서 타이완 사회 지도층으로 하여금 풍속개

전족 해방 축하행사

량회風俗改良會와 '국어보급회國語普及會'를 조직하도록 장려하였다.[21] 그 결과 각지에서 사회교육단체와 일어보급시설이 우후죽순처럼 생겨났다. 이 단체와 시설들은 처음에 '중류 이상의 타이완인 남녀'를 대상으로 일어를 강습했으나, 점차 인력거꾼·시장상인 등 일본인과의 접촉 빈도가 높은 부류와 서방의 교사 등으로 대상을 확대했다.[22] 보습교육의 성격을 띤 일어보급은 보통 회원의 여가시간을 이용하여 실시되었고, 회원의 직업과 성별에 따라 강습회의 개최 횟수와 기간 및 매주 실시 횟수와 시간 등이 달랐다.[23] 보통 야간에 각 지역의 교사나 경찰이 수업을 담당했는데, 체계적인 교수법없이 타이완 방언을 일어로 직역하는 방식으로 강의하여 수강생의 흥미를 끌지 못하여 대체적으로 성과가 좋지 못했다.[24] 다른 한편 총독부는 1914년부터 매년 전국적으로 '국어연습회國語演習會'를 개최, 일어능력 우수자를 표창하고 상금을 지급하여 일어학습의 열기를 고조시켰다. 그 결과 1920년에는 일어를 듣고 말할 줄 아는 타이완인의 수가 1915년에 비해 두 배 가까이 늘어났다. 하지만 그 비율은 전체인구의 3%에도 미치지 않았다.[25]

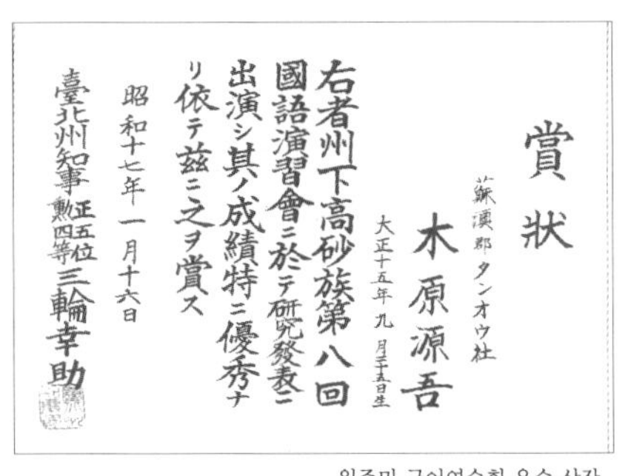

賞狀

苗栗郡タンオウ社
木原源吾
大正十五年九月二十五日生

右者州下高砂族第八回
國語演習會ニ於テ研究發表ニ
出演シ其ノ成績特ニ優秀ナ
リ依テ兹ニ之ヲ賞ス

昭和十七年 一月十六日

臺北州知事 正五位 勳四等 三輪幸助

원주민 국어연습회 우수 상장

　　제1차 세계대전 말 이래 국내외적으로 거세게 일기 시작한 민족자결주의와 사회주의·민주주의 사조의 충격과 위협 하에서 일본정부는 기존 통치방침을 수정하고 식민지 통제를 강화하지 않을 수 없었다. 이에 1918년 6월 취임한 아카시 모토지로明石元二郎 총독은 타이완인이 점차 일본인과 동일한 국민성을 갖추도록 감화시키는 것을 목표로 한 '동화주의' 정책을 표방했다. 이런 가운데 그 해 9월 오랫동안 무관총독제와 위임입법제를 반대해오던 하라 다카시原敬(1856~1921) 내각이 탄생했다. 다음 해 한국에서 3 · 1운동이 발생하자 하라 내각은 타이완 관제를 개혁하여 군인 출신만을 총독에 임명하던 규정을 폐지하고, 총독의 군사권도 박탈함으로써 고압적인 무단통치가 일단락되었다. 같은 해 10월 초대 문관총독에 임명된 덴 겐지로田健治郎는 타이완인의 동화와 지위 향상을 천명하며 '내지연장주의內地延長主義' 정책을 시행했다. 이는 당시 타이완 사회에 막 번지기 시작한 민족해방운동을 잠재우기 위한 것이었다.[26] 그리하여 '일대융합日臺融合'의 기치 하에 지방제도와 경찰제도의 개혁, 타이완인의 제한적 정치 참여와 관료 임용, 일본 국내법의 적용과 혼인 · 입양의 합법화 등이 이루어졌다.

한편 총독부는 이러한 정책의 구체적인 방안으로 1919년 「타이완교육령臺灣敎育令」을 반포하여 타이완의 학제를 확립하고 대학설립의 법적 근거를 마련하였다. 곧이어 1922년 신 「타이완교육령」을 반포하여 기존의 한족 · 원주민 · 일본인 간의 차별(격리)교육을 취소하고, 중등 이상의 교육기관을 설치하여 타이완인과 일본인의 공학제를 실시했다. 이에 따라 타이뻬이제국대학臺北帝國大學(1928년)을 비롯한 각급 학교가 설립되어 학생 수가 대폭 증가하였다. 또한 타이완인 자제라도 '국어상용자'일 경우 소학교 입학을 허용함으로써 타이완인의 교육기회가 확충되는 듯 했다.[27] 하지만 식민당국은 타이완인을 '충량忠良'한 일본신민으로 동화시키기 위해 일어보급을 시정의 최대 목표로 삼고, 한문화의 생장 기회를 제거하고자 1919년부터 한문서방의 설립을 금지시켰다. 1922년에는 공학교의 일어과목 시수를 늘리는 대신, 한문을 필수에서 선택 과목으로 변경하고 지방 사정에 따라 폐지할 수 있도록 했다. 이와 더불어 각 사회교육단체와 일어보급시설이 총독부의 장려를 받으며 적극적인 일어강습에 나섰고, 공학교도 크게 증설되어 1923년 공학교 취학율은 28%를 넘었다. 일어보급운동은 이러한 정책과 제도에 힘입어 1920년대부터 새로운 단계에 접어들었다. '자발적'인 참여로 운영되던 일어보급시설은 각 공공단체와 사회교육단체 사업이 되었고, 지방행정기관 또는 기금에서 경비를 지원 받았다. 그럼에도 불구하고 일어보급의 속도는 여전히 기대에 미치지 못했다.[28] 이에 식민당국은 1927년 총독부와 각 주州에 사회교육계社會教育係를 설치하고 일어보급을 포함한 사회교육사업을 정규 행정체제 내에서 관리하도록 하였고 일어보급운동은 더욱 강력하게 실시되었다.[29]

1931년 만주사변 이후 일본의 계속적인 침략으로 중일관계가 갈수록 악화되었고, 이로 인해 일본의 국제관계도 점차 위험한 상황으로 빠져들었다. 따라서 일본정부는 20년 가까이 문관총독을 임명하던 관행을 바꾸어, 1936년 9월 해군대장 출신 고바야시 세죠小林躋造를 타이완 총독으로 임명하였다. 고바야시는 취임 후 '황민화·공업화·남진기지화'의 3대 시정방침을 표방했다. 이른바 '황민화'는 그 동안의 동화정책이 뚜렷한 효과를 거두지 못하였음을 인정하고 타이완인을 더욱 철저히 '황국민'으로 동화시켜 타이완을 전쟁에 필요한 병력과 노동력의 공급지

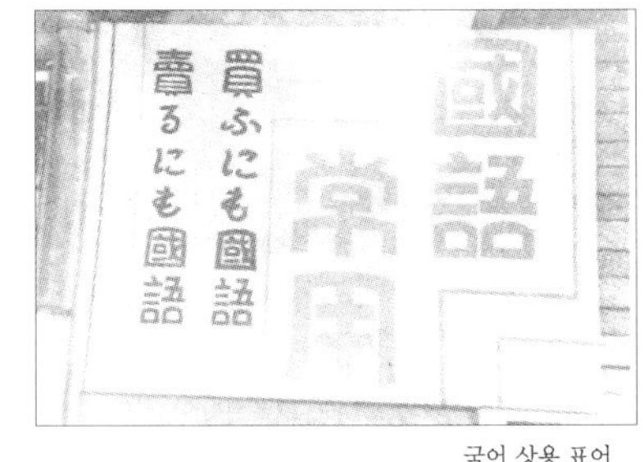

국어 상용 표어

로 만들겠다는 것이고, '공업화'는 종전 농업위주의 타이완 경제체제를 전쟁수행에 필요한 공업중심으로 전환시키자는 것이며, '남진기지화'는 타이완의 지리적 조건을 십분 활용하여 남양南洋과 중국 남부를 향한 침략기지로 삼자는 것이었다. 1937년 중일전쟁 발발 이후 일어상용운동과 신사참배·'성명 변경改姓名' 등의 '황민화' 운동이 가속화되고, 전쟁의 장기화로 타이완도 전시체제에 진입하게 된다. 그 후 태평양전쟁이 발발하자 일본은 지원병제도와 징병제를 차례로 실시하여 많은 타이완인을 전선으로 내몰았고, 타이완인의 협력을 얻기 위해 소학교와 공학교의 구분 철폐·선거법 개정 등과 같은 각종 회유정책을 실시하였으나 일본인과의 차별은 끝내 없어지지 않았다.[30]

이러한 상황 하에서 식민당국은 동화의 고삐를 더욱 죄기 위해 일어보급운동에 박차를 가했다. 1931년 총독부는 각지에 설립된 '국어강습소'의 경비를 국고에서 보조하는 한편, 관련 법령을 제정하여 '국어강습소'를 공립특수교육시설의 일부로 삼았다. '국어강습소'는 상설교육기구로 12~25세 사이의 학업기회를 잃은 청소년을 수강대상으로 하였고, 수업연한은 1~2년에서 최대 4년까지로 연장되었다. 1년에 100일 이상 한 번에 2~3시간씩 야간수업으로 진행되었다.[31] 이러한 '국어강습소'는 해마다 증설되었고 타이완인의 호응도 좋아 때로 수강신청자가 모집인원을 초과하는 경우도 생겨났다.[32] 1933년 총독부는 「공학교규칙」을 개정하여 4년제 공학교의 '국어' 수업시간을 늘리

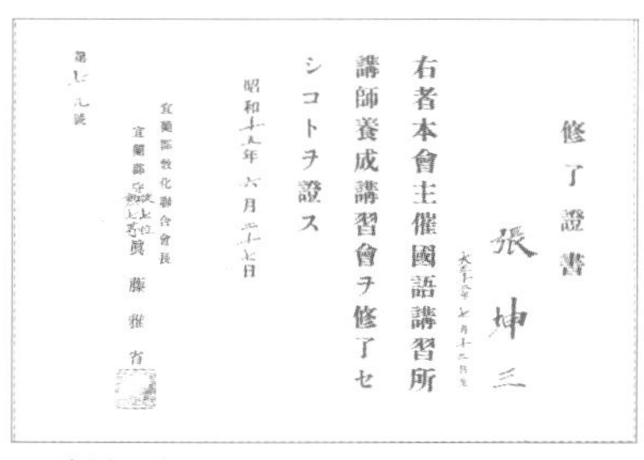

국어강습소 수료증

고, 6년제 공학교 과정의 일본역사를 '국사'로 개명하는 등[33] 동화의 강도를 높여나갔다. 동시에 「국어보급 10개년 계획」을 제정하여 타이완 모든 부락에 '국어강습소'를 한 곳 이상 설치하고 10년 내에 일어 해독자의 비율을 50% 이상으로 끌어올릴 것을 목표로 정했다. 이를 위해 각지의 학교와 부락교화部落教化단체를 적극적으로 동원해 '국어' 보급을 부락교화의 최우선으로 삼는 한편, 이전부터 해오던 유공자에 대한 표창과 장려를 강화했다. 이 시기의 일어보급운동은 '국어보급망國語普及網'을 구축하여 교육수준이 낮거나 받지 못한 계층에게 일어를 보급하고, 교육수준이 높은 계층에게는 '국어상용國語常用'을 제창한 것이 특징이다. 총독부는 기존의 '국어강습소'와 '간이簡易국어강습소'를 확충[34]하고, 1938년부터 '국어보육원國語保育院'을 설치하여 6세 이하의 아동에게 일어 중심의 생활지도를 시행했다. 1941년에는 '특설국어강습소'를 새로 설치해 초등학교에 입학하지 못한 학령아동을 대상으로 3년간의 초등교육을 실시하는 등 1943년 의무교육이 실시될 때까지 대략적인 '국어보급망'을 완성하였다.[35]

다른 한편 총독부는 1937년 1월부터 선택과목으로 선정되어 일부 학교에서 겨우 명맥만을 유지하던 공학교의 한문 수업을 완전히 폐지하고, 학교에서 학생들의 타이완어 사용을 금지시켰다.[36] 그리고 관공서에서 타이완인 직원의 일어상용을 강제하였으며, 지방관청들이 일반 가정과 부락의 '국어화'를 실시하도록 지시했다.[37] 이를 장려하기 위해 '국어상용자' 표창, '국어가정'의 장려 및 '국어부락' 건설 등의 구체적 방안들을 제시했다. '국어가정'은 모든 가족이 집에서 일어로 대화하는 것을 기본으로 하였으나, 인정 기준은 지방행정기관마다 약간의 차이가 있었고, '국어부락'은 주민의 50% 이상이 일어를 말할 수 있는 부락을 가리켰다. 그 외에 1937년 4월에 일간신문(『타이완신민보臺灣新民報』는 6월부터)의 한문란漢文欄이 폐지되는[38] 등 '황민화' 운동의 선풍 속에서 일어보급운동이 더욱 강력하게 추진되었다.[39]

식민당국이 장기간 강력하게 추진한 일어운동의 결과, 1940년 일어 해독자의 비율이 마침내 50%를 돌파했다. 이후의 일어운동은 '국어불해자일소國語不解者一掃', 즉 모든 타이완인의 일어해독을 목표로 전개되었다. 따라서 지방정부의 중요한 업무는 '국어불해자' 명단을 작성하고 그들을 '국어강습소'에 나가게 하는 것이 되었다.[40] 이러한 정책으로 일어 해독자의 수는 급속히 증가하였고 1943년 말 타이완 총 인구의 80% 이상이 '국어해자國語解者'가 되는 결과를 성취했다.[41] 그러나 일본당국이 발표한 이 통계수치에는 공학교 또는 교육소教育所(원주민 아동이 다니는 학교)의 재학생 및 졸업생, 일어보급시설('국어강습소'와 '간이국어강습소')의 재학생 및 수료자를 모두 포함한 것으로, 실제 일어를 말할 수 있는 사람은 이보다 훨씬 적었을 것으로 보인다. 통계의 문제를 감안하지 않더라도,[42] 실제로 '국어강습소'를 1년 정도 다녔어도 일어를 한마디도 하지 못하는 경우도 있었기 때문이다.[43] 또한 일어 해독자의 수가 크게 증가하여 "타이완의 독서시장이 성숙되고 문단이 성립"되었다고 하지만, 실제 일어소설을 읽을 수 있는 사람은 중학교 이상의 교육을 받거나 일본 유학을 한 소수의 지식인에 국한되었다는 점에서[44] 볼때, 일어 해독의 정도에 상당한 편차가 존재했다고 보는 것이 타당할 것이다.

이러한 통계상의 거품을 증명하는 또 다른 실례로 공공장소에서의 타이완어 사용을 금지한[45] '황민화' 운동 중에 현실적인 필요에 따라 타이완어를 복권시킨 것을 들 수 있다. 총독부 관리하에 있던 타이완방송협회는 1943년 10월 1일부터 일어를 알지 못하는 타이완인에게도 전쟁 수행에 따른 국가와 총독부의 방침을 철저히 이해시키기 위해 타이완어 위주의 제 2라디오 방송을 시작했다. 이는 타이완인으로부터 전쟁에 필요한 협조를 얻기 위해서는 '국어'가 보급될 때까지 기다릴 수 없다는, 다시 말해 일어를 제대로 알아듣지 못하는 사람이 상당수 있었음을 보여준다. 그 외에도 전쟁 말기 일부 지방행정기관에서 전시동원을 위해 실시한 순회 시국강연과 간담회에서 일어를 전혀 알아듣지 못하거나 잘 알아듣지 못하는 노인과 부녀자, 노동자들을 대상으로 타이완어를 사용한[46] 것 등을 통해 일어 해독자의 수가 통계보다 훨씬 적었음을 짐작할 수 있다.

그러나 일어를 교육의 목적과 수단으로 삼았던 초등교육이 날로 보급되면서 학령아동의 취학율이 점차적으로 높아졌다는 사실은 일어를 할 수 있는 타이완인의 수가 특히 젊은 세대를 중심으로 그만큼 증가했음을 보여준다. 이 점은 1969년(식민통치에서 벗어난 지 24년 후) 타이완 각지의 향촌에서 일제시대 공학교 학력이 전부이지만 일어를 놀라울 정도로 말하고 심지어 읽을 수 있는 타이완인을 발견할 수 있었다는 기록을 통해 확인할 수 있다.[47] 통계를 살펴보면 1899년 남녀 평균 2%에 불과하던 초등학교 취학율은 1916년에 겨우 10%대에 진입했지만, 1919년 20.7%, 1928년 30.3%, 1935년 41.5%로 점차 높아지다가 1939년 53.2%, 1941년 61.6%, 1943년 71.3%(남자 80.9%, 여자 60.9%)로 급속히 증가하고 있다.[48] 비록 공학교의 취학율은 지역과 성별에 따라 많은 차이가 있고 결석율과 중도 퇴학율도 높았지만,[49] 다족군·다언어 사회였던 타이완은 취학율의 증가에 따라 처음으로 소위 '국어'라고 하는 공통의 언어경험을 하게 된다. 특히 타이완 각지에서 올라와 서로 다른 방언을 사용하는 학생들이 모인 도시

학교에서 일어는 수업시간 만이 아니라, 아이들 간의 놀이와 교제에 필요한 공동 언어였다. 또한 대부분의 교사들이 일어를 유창하게 잘 하는 타이완 학생을 편애하였기 때문에, 아이들은 입학 첫날부터 일어 숙련에 대부분의 노력을 쏟아 부어야했다. 게다가 일본인 위주의 소학교를 다니던 일부 타이완 학생 대부분은 이미 완전히 동화되어 스스로를 철저한 일본인이라 여겼고, 일본 학생과의 마찰보다 동화 되지 않은 타이완 아이들과 싸운 기억이 더 많았다는 회고를 보면[50] 학교교육을 통한 동화의 위력을 엿볼 수 있다.

하지만 이러한 동화는 처음부터 지배자인 일본인이 피지배자인 타이완인보다 '우월'하다는 자기모순적 '차별성'을 갖고 있었다. 따라서 일어교육을 핵심으로 한 학교교육은 지배자와 피지배자의 불평등한 정치적 역할과 사회관계를 재확인하는 수단으로도 작동했다. 식민당국은 초등교육단계에서부터 일본인과 타이완인을 분리하고, 교육기회와 여건(교육경비·교사의 수준·시설과 설비) 및 입시제도(소학교 졸업수준을 기준으로 일본문화 위주로 출제되고 일어로 치러지는 시험)상에 엄연한 차별을 둠으로써 타이완인의 상급학교 진학을 어렵게 했다. 그 결과 입학경쟁에서 도태된 대다수의 타이완 학생들은 더 이상 고급 교육을 받지 못하는 자신을 무능력한 피지배자로 인정하고 자신의 사회적 지위에 만족하게 된 반면, 일본 학생은 자신이 '공평한' 진학경쟁에서 승리한 능력 있는 사람으로 당연히 지배자가 될 수 있다고 믿게 되었다.[51] 이와 비슷한 차별의 아픔은 중학교에 진학한 타이완 학생들도 겪어야 했다. 당시 최고 명문이던 타이뻬이제일중학臺北第一中學 입학을 꿈꾸던 소학교 졸업생은 타이뻬이제이중학臺北第二中學에 진학해야 한다는 아버지의 말에 충격을 받고 생전 처음 자신이 일본인이 아니라 타이완인이라는 사실을 깨닫게 된다.[52] 일본통치자가 처

음부터 이러한 효과를 미리 예상하고 식민지 교육정책을 설계·운용
했는지는 확실치 않지만, 학교교육이 식민통치의 도구로 이용되었다
는 점에서 일어는 '지배의 언어'로서 기능한 셈이다.

2. 개화의 언어

그렇다면 타이완인들은 지배자에 의해 강요된 일어를 어떻게 받
아들였을까? 이에 관한 연구는 아직 부족하지만 족군과 계층 및 세
대에 따라 그 반응과 문제점이 달랐던 것으로 보인다. 최근 타이완에
서는 현재 살고 있는 주민을 민남인閩南人, 객가인客家人, 외성인外省人, 원주민原住民으로 나누는 '4대족군설'이 유행하고 있는데, 이를 일제시대에 원용하면 외성인을 제외한 '3대족군'으로 분류할 수 있다. 다만 식민통치정책과 이에 대한 반응에 있어서 민남인과 객가인 사이의 뚜렷한 차이가 아직 발견(연구)되지 않고 있기 때문에 여기서는 한족과 원주민으로 크게 나누어 살펴보기로 한다. 다음 일제시대 타이완의 사회계층을 어떻게 나눌 것인가에 대

대표적 부일 협력자 꾸시엔룽
(辜顯榮)의 훈장 단 모습

해서는 아직 정설이 없지만, 크게 지주자산계층과 노동자농민계층으로 대별할 수 있다. 전자는 식민지배에 직·간접적으로 협력하여 신

홍엘리트로 성장한 세력과 기득권을 보장받은 토호·신사紳士·지주·부상富商 등이, 후자는 산업노동자와 일용잡급 노동자 및 소작인 등이 해당된다. 지식인들은 신·구新·舊를 막론하고 대부분 지주자산계층 출신으로 볼 수 있다. 일본이 타이완을 통치한 50년을 세대로 구분하면 대략 구세대와 을미乙未(1895년)신세대 그리고 전쟁세대의 3세대로 나눌 수 있다. 구세대는 타이완이 할양될 때 이미 성년이었던 자들로 전통사회에서 태어나 자란 사람들이고, 을미신세대는 타이완 할양 전후 출생하여 신식교육을 받았지만 아직은 구시대와 접촉이 있던 사람들이며, 전쟁세대는 2차 세계대전 기간에 청소년기를 보내고 대부분 일본식 초등교육을 받은 사람들이 해당된다.[53]

타이완인들 중에는 일본의 타이완 점령 초기부터 관청의 일자리를 얻거나 상업 활동의 편의를 목적으로 총독부가 설립한 학교에 입학하거나[54] 자발적으로 일어학습을 위한 연구회를 조직한 사람들과 마을의 자제들을 모집하여 일어를 가르치거나 일본 승려들이 세운 학교에서 일어를 배운 사람들이 있었다.[55] 하지만 이들 소수를 제외한 대다수의 타이완인은 일어학습에 흥미를 갖지 못했다. 당초 '국어전습소'는 입학생 수도 적고 출석율도 매우 낮아, 일부 전습소에서는 총독부 시찰시 부근 서방에서 학생을 빌려와 정원을 채우는 일도 있었다고 한다. 이는 당시 항일무장투쟁이 계속되고 있는 불안한 정국 탓도 있지만, 많은 타이완인들 특히 신사계층이 아직 일본의 타이완 지배를 사실로 받아들이지 못하고 청조로의 복귀에 희망을 갖고 있어 일어학습의 필요성을 현실적으로 느끼지 못했기 때문이었다.[56] 이러한 심리는 1897년 가을 푸지엔福建성에서 치러진 향시鄕試에 적지 않은 타이완 신사들이 참가하였다는 사실을 통해 짐작할 수 있다. 반면 이 무렵 조국 중국의 정세 −열강에 의해 영토가 분할될 망국의 위기−

는 타이완 신사의 식민정권 일본에 대한 태도를 변화시켰고, 향시 낙방자들은 과거공명科擧功名에 대한 마음을 접고 은거하거나 식민지 지방 사무에 참여하게 된다.[57] 그 외 각종 유언비어와 오해 ─예컨대 공학교에 입학하면 머리카락을 자르고 일본 내지로 보낸다, 학교에서 가르치는 체조는 군인을 만들기 위한 예비 훈련이다, 창가는 비천한 광대를 모방하는 행위로 품행에 영향을 미친다 등─ [58] 및 기존의 전통학교 즉 서방의 존재와 확대도 일어보급을 저해하는 요인으로 작용했다. 일본 점령 초기 타이완의 서방과 재학생 수는 1897년 4월 1127개, 17066명에서 1898년 2월 1707개, 29876명으로 오히려 늘어났다.[59]

하지만 한편에서는 '국어전습소' 설립에 적극적이며 교육 내용(특히 화학실험과 같은 근대과학)에 흥미를 보인 타이완인이 있었고, 일본이 타이완을 영유한지 9년째 되는 해인 1904년부터 공학교에 취학하는 아동수가 서방에 다니는 아동수를 초과하고 있다는 점에서 실제로는 신식교육에 대한 타이완 사회의 수용도와 호응도가 상당히 높았다고 보는 논자도 있다.[60]

이러한 현상은 식민통치에 자발적으로 협력하거나 1898년부터 6년여에 걸쳐 실시된 토지조사사업을 통해 기존의 토지소유권을 법적으로 보장받은 지주자산계층이 식민지체제 내로 편입된 것과도 관련이 있을 것이다. 이들은 자신의 자제를 식민당국이 설립한 신식학교에 취학시키거나 식민모국(일본)에 유학시킴으로써, 식민체제 내에서의 사회경제적 지위를 유지·향상시키고자 했다. 실제 신식교육을 받은 자제들 중 민족운동과 사회운동에 투신한 소수를 제외하고는 대부분이 식민통치의 유력한 협력자가 되었다.[61]

반면 전통교육과의 경쟁을 위해 1897년 10월 총독부가 '국어전습소'에서 한문을 가르치게 한 이후 입학율이 현저히 높아진 점을[62] 고

일제시대 초기 여학생들의 수업 모습

려하면, 일어보급을 포함한 일본의 식민지배에 대한 타이완인의 반응이 긍정적이었다고 보기는 어려울 것이다. 다만 많은 타이완인들에게 전통교육(서방)이 갖추지 못한 신식학교의 시설(밝은 교실과 넓은 운동장 등)과 분위기 및 새로운 교과과정(특히 체육, 음악, 미술 등)과 각종 활동(화학실험, 환등기, 영화방영, 운동회, 학예회 등) 등이 신선하고 신기한 '마법'이 가득찬 아이들의 '낙원'으로 인식되어졌고,[63] 이런 점에서 동화에 대한 저항과 더불어 개화에 대한 갈망이 식민지 초기부터 어느 정도 존재하였음을 짐작할 수 있다.

그럼에도 1905년 일어 해독자의 수는 총인구의 0.38%에 불과했으며, 공학교 취학율 또한 1915년에도 여전히 10%에 미치지 못했다. 그리고 1918년 공학교 입학생의 1/8이 중도에 학업을 포기했는데 그때까지(1899~1918)의 공학교 졸업생의 수(53401명)가 1919년 타이완 총 인구의 1.5%에 불과했다는 사실은,[64] 당시 일본인이 인정했듯이 타이완의 보통교육이 중ㆍ상류 가정의 자제를 대상으로 한 소위 '엘리트 교육'이었고[65] 일어학습에 대한 타이완인의 반응도 적극적이지 않았음을 보여준다.

식민당국은 당초 일어보급정책을 시행하면서도 한문이 타이완인의 일상생활과 밀접한 점을 감안하여 한문서방의 존재를 인정했고, 취학 유도를 위해 공학교에도 한문과목을 두고 서방의 교사 내지 신사를 초빙하여 교수토록 하였다. 그러나 일어보급운동이 본격적으로 실시되자 타이완인의 한문학습 기회가 점차 줄어들었고, 이러한 사회현실을 무시한 어문정책에 대중의 불만이 고조되었다. 1918년 1주일에 2시간으로 감축된 공학교의 한문과목은 1922년 신「타이완교육령」 공포 이후 선택과목으로 전락해 많은 공학교가 이를 폐지하였고, 한문서방 역시 식민당국의 갖가지 제약과 규제로 인해 점차 경쟁력을 잃으면서 공학교의 보조기관으로 전락하게 되었다.[66]

타이완 근대사에서 제1차 세계대전 말에서 1930년대 초반까지의 10여 년간은 타이완인이 '자신들의 근대'를 만들기 위해 정력적으로 나섰던 시기였다. 식민지하에서 근대교육을 받으며 자신을 의식하기 시작한 타이완의 지식인들은 일본의 차별적인 지배에 대해 다양한 정치·사회·문화적 저항을 시도했다.[67] 이런 가운데 민주자유사상과 민족자결주의의 영향을 받은 일본유학생들을 중심으로 타이완 사회를 위한 계몽운동과 반식민지 민족운동이 전개되면서 한족 고유문화를 말살하려는 강제적 언어동화정책에 대한 강력한 비판이 제기되었다. 1920년대 전개된 한문부흥漢文復興운동,[68] 백화문白話文운동, 타이완어臺灣語로마자운동, 타이완어백화자白話字운동 등은 이러한 반식민지 민족운동의 일환이었다. 본토 고유의 언어와 문자에 대한 타이완인의 정체성을 드러낸 이러한 운동은 비록 10여년 만에 실패했지만, 일어보급운동의 발전을 한동안 저지시키고 타이완어의 보존과 정리 및 한문 보호에 적지 않게 공헌한 것으로 평가된다.[69] 특히 1930~31년 사이에 전개된 향토문학논쟁에서 일어로 시나 글을 쓰는 것을 거부하고, 타이완의 실질적 언어생활과 거리가 있는 대륙의 백화문 대신 타이완의 대중에게 쉽게 보급할 수 있는 타이완어로 된 타이완 본위의 문학을 강조한 '타이완화문파臺灣話文派'는 '중국의식'과 분명히 다른 '타이완의식'을 드러냈다는 점에서 주목된다.[70]

하지만 이러한 항일의 표현도 이것으로 끝이었다.

1930년대에 접어들면서 일본제국주의가 파시즘적 경향을 보이고 대외침략에 대한 야욕이 커지면서 타이완인의 동화를 가속화하는 일어보급운동이 더욱 강화되었고, 철도를 비롯한 근대적 운송체제가 대략적으로 완성되어 전 타이완의 사회이동성이 크게 제고됨으로써 [71] 일어를 구사하는 타이완인의 수도 크게 증가했다. 이에 타이완 사회에 점차적으로 두 가지 언어를 병용하는 현상이 나타났다. 즉 일어교육을 받은 타이완인은 민남인, 객가인, 원주민을 막론하고 상황에 따라 일어와 모어를 교대로 사용하는 — 예컨대 민남어를 모어로 하면서 공학교 교육을 받은 타이완인의 경우 일본인과 대화할 때나 공공기관에서 일을 볼 때 심지어 교육배경이 같은 타이완인과 대화할 때는 늘 일어를 사용하지만 자신의 집과 동네에서는 거의 대부분 모어를 사용했다. 결국 40년에 걸친 보급운동에도 불구하고 일어는 다언어 병용 사회인 타이완에서 생활언어로 자리잡지 못하고 외래어와 관방어官方語로 간주되었던 것이다.[72] 다만 그동안 교통과 언어 문제로 격절되어 있던 타이완의 각 족군이 '제3자'의 언어인 일어를 통해 처음으로 자신들의 문제에 대해 상호 의사소통을 할 수 있게 되었다는 점에서 일어는 공통어共通語로서 기능하게 되었고,[73] 그 결과 타이완 각 족군 간의 일체감을 강화시키게 되었다.

그러나 이러한 현상은 타이완인을 진정한 일본인으로 변모시켜 전쟁에 동원하려던 '황민화' 이념과 목적에 위배되는 것이었다. 이에 총독부는 1937년부터 공학교의 한문과목을 폐지하고 '국어가정' 표창 등의 조치를 취했다. '국어가정'으로 인정받으면 자녀가 일본인들이 다니는 소학교에 다닐 수 있고 중등학교 입학허가의 우선 고려 대상이 되었으며, 그 성원은 정부기관과 사회공공단체에 우선 채용

될 수 있고 각종 영업면허를 취득할 기회가 많아지는 등 여러 가지 편리와 특전을 누릴 수 있었다. 그 결과 일어는 점차 타이완 지식계층의 일상생활에 침투해 갔고, 자녀의 소학교 진학에 필요한 좋은 언어 환경을 위해 집안에서 일어만 사용하는 '진정한' '국어가정' 이 나타나게 되었다. 그러나 만약 이런 환경에서 성장한 아이가 소학교에 진학하지 못하고 공학교에 입학할 경우, 짧은 시간 내에 새로운 언어환경에 적응해야 하는 문제도 발생하였다. 그 외 일어보급의 확대로 비록 많은 타이완인이 일어를 말할 수 있었지만, 대부분 수업시간에 배운 공식적인 것이고 공공장소에서 사용하는 것이었기 때문에 일상생활 용어와 경어의 오용이 매우 많았다. 이러한 이유로 일어순수론자로부터 '타이완 국어' 라 비난받았던 일어의 타이완화 현상도 나타나게 되었다. 심각한 문제는 이러한 오용의 사례가 일제 말기 초등학교 졸업생의 2%만이 진학할 수 있었던 중등교육을 받은 타이완의 엘리트 계층에서도 발견된다는 점에 있었다.[74]

이러한 문제점에도 불구하고 식민지지배가 장기화되면서 타이완의 아동과 청소년들은 학교생활 적응과 상급학교 진학을 위해, 성인들은 취업과 생활상의 필요에 의해 일어를 배우지 않을 수 없었다. 즉 일어는 사회적 신분상승과 입신양명의 필수능력이 되었으며, 일어교육을 받은 타이완인 가운데 일어로 쓴 문학

원주민 학교 (蕃童教育所) 의 수업 모습

원주민 학교 학생들의 위생실습 모습

작품이 출판되거나 일본 유명 잡지의 문학상을 수상한 사람도 생겨났다. 대표적인 예로 1940년 12살의 나이에 일어작품집을 낸 황펑쯔黃鳳姿와 1937년 『개조改造』잡지의 소설 부분 가작을 수상한 룽잉쭝龍瑛宗(1911~1999)이 있다. 이를 당시 타이완인들이 즐겨 이야기했다는 것은[75] 지배자로부터 인정받고 싶어하는 식민지인의 비애와 모순을 보여준다. 식민모국에서 유학한 타이완의 엘리트 대부분이 도쿄 일대에서 교육을 받아 표준 일어를 사용했는데, 이 점 또한 평생 한 번도 도쿄에 가보지 못한 많은 타이완 거주 일본인의 선망의 대상이 되었다고 한다.[76] 결국 당초 일어학습에 부정적이었던 타이완인들이 유창한 표준 일어 사용을 자랑스럽게 여기기까지 채 50년도 걸리지 않았음을 알 수 있다.

한편 신식교육을 받은 젊은 세대 특히 원주민의 경우 일어를 단순히 근대지식을 받아들이는 개화의 수단으로만 여기지는 않은 것 같다. 1930년 우스霧社사건[77]의 주요 인물인 하나오카 이치로花岡一郎와 하나오카 지로花岡二郎의 사례를 통해 식민교육을 통한 동화의 강한 흔적과 이로 인한 정체성의 갈등을 엿볼 수

하나오카 이치로　　하나오카 지로
花岡一郎　　　　　花岡二郎

있다. 같은 부락 출신인 두 사람은 모두 정규 일본식 교육을 받고 경찰이 되었을 뿐 아니라 일본식 교육을 받은 같은 부락 추장(여동생)의

딸과 결혼하여 많은 사람의 선망을 받는 행운아들이었다. "일본인이 만들어낸 고도로 일본화된 원주민"이었던 두 사람은 비록 자신의 동족이 일본의 착취에 반발하여 일으킨 거사에 직접 참여하지 않았지만, 사전에 이런 징조를 식민당국에 경고하지 않았고 사건 발생 후 동족들에게 투항을 권고하지도 않은 채 결국 함께 자살하는 길을 선택했다. 그들이 남긴 일어로 된 유언을 통해 이러지도 저러지도 못하는 깊은 고뇌 – 자신의 동족에 충성할 수밖에 없으면서도 다른 한편으론 일본인에게도 무언가 표시하지 않으면 안 될 것 같은 감정을 느낄 수 있다.[78]

하나오카 지로가 벽에 써붙인 유서

이해하기 어려운 것은 반식민 항쟁인 우스사건 이후 겨우 10년여 만에 그렇게 '흉폭'하던 원주민이 어떻게 '애국적 지원병'으로 변신하여 일본제국이 벌인 전쟁의 도구가 되었는가 하는 점이다. 특히 우스사건 중 일본군에 의해 부모 형제를 도살당했던 소년들이 자신의 원수인 일본을 위해 혈서를 쓰고 고사의용대에 지원한 사실은 어떻게 해석해야 하는가? 그들의 증언대로 학교교육을 통해 '일본정신'으로 철저히 무장되었기 때문인가? 아니면 전후 일본정부로부터 아무런 보상을 받지 못하고 여전히 빈곤한 삶을 살고 있는 이들이 실낱같은 보상의 가능성을 염두에 두고 한 전략적 발언인가? 식민지 최하

고사의용대로 출정하는 마을 청년을 격려하는 모습

층으로 모든 정치·경제적 가능성을 상실한 대다수의 지원병들에게
'일본군인'이 된다는 것은 '야만'이
란 굴레를 벗고 피
식민자의 신분을 초
월하여 동일하고 평
등한 인간으로 대접
받을 수 있는 유일
한 길이었는지도 모

동료의 유골을 들고 고향으로 돌아오는 고사의용대

른다. 사실 이는 타이완 원주민만의 특수한 사정이
아니라 피식민자가 겪어야 했던 보편적인 생존환
경이라는 점에서[79] 식민지배의 실상과 강요된 동화
의 허상을 다시금 확인하게 한다.

다른 한편 비록 언어에 의한 동화의 직접적인 결
과로 단정할 수는 없지만 '지원병제도' 실시에 대
한 반응을 통해서도 전시戰時 타이완 청년세대의 집단정신 일부를 살
필 수 있다. 왜냐하면 당시 지원병제도는 식민지 청년의 '황민화' 정
도를 측정하는 ―지원자가 많으면 많을수록 '황민화' 운동이 더 성공했다는―

지표라 할 수 있기 때문이다. 조선
(1938년)에 이어 1941년 타이완에서
도 이듬해부터 '육군지원병제도'를
실시한다고 발표되자 타이완 각계에
서는 이를 경축하고 감사하는 활동
이 다양하게 펼쳐졌다. 곧이어 지원
병으로 자원하는 타이완 청년들이
줄을 이었고 심지어 '혈서血書지원'

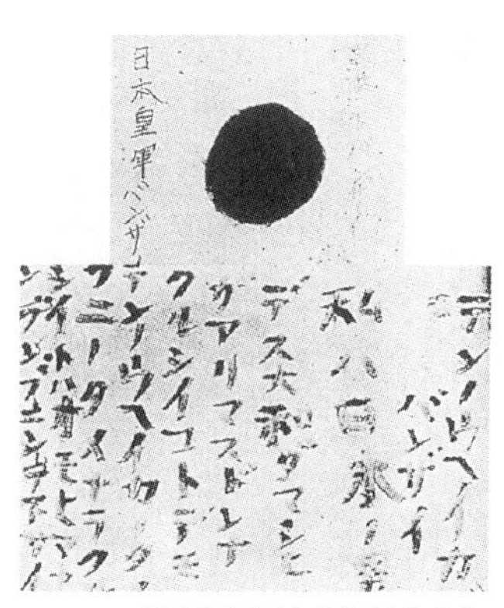

지원병에 선발되기 위해 제출한 혈서

풍조마저 유행했다.[80] 제1차 육군지원병 모집에는 지원자 42만 여명 중 천여 명이 선발되었고, 다음해 실시된 제2차 육군지원병 모집에는 60만 여명이, 제1차 해군지원병 모집에는 31만 여명이 지원했다. 이는 당시 타이완의 전체 남자인구가 약 300만 명에 불과했다는 점을 고려하면 매우 높은 비율이다. 참고로 조선의 제1차 육군지원병 모집 지원자는 3천 명도 되지 않았고 점차 증가하여 1943년에는 30만 여명으로 늘어났으나, 인구비례로 보면 타이완에 비해 훨씬 지원 열기가 낮았다고 할 수 있다. 1945년 4월 타이완에서 전면적인 징병제가 실시될 때까지 지원병제도를 통해 모두 16500(육군: 5500, 해군: 11000)명의 타이완인이 일본군대에 입대했고, 이들을 포함해 전쟁에 동원된 타이완인은 군인과 군속(육해군의 문관 및 고용원)을 합해 총 207183명이며, 그 중 30304명이 사망한 것으로 되어 있다.[81] 왜 이러한 현상이 일어났는지에 대해서는 좀 더 많은 연구가 필요하겠지만,[82] 이 모두를 일제의 강요에 의한 것이라고 말하기는 어려울 것이다.

끝으로 지식인의 반응과 대응을 살펴보자. 먼저 구세대 지식인의 경우 대부분 일어를 배우지 않고 한문화의 보존을 위해 직접 자손을 가르치거나 서방을 열어 후학을 지도했다. 또한 각종 시사詩社와 문사文社를 결성하여 활동하거나,[83] 이후 식민지 타이완의 정치사회운동을 영도했다. 타이완 할양 전후 출생한 을미신세대는 보수·온건·급진을 떠나 모두 신식교육, 즉 일어를 통한 근대교육을 받았다. 그 중 일부는 근대적 이데올로기를 갖고 식민통치를 비판하면서 자신들의 권리와 참여를 요구하거나 무산계급혁명과 같은 현 상황의 전복을 주장했다. 하지만 그 성격은 앞 세대의 무장항일운동과 근본적으로 달랐다.[84] 앞서 언급했듯이 이 세대의 많은 지식인들은 오히려 식민통치에 순응하고 영합하려 노력했으며, 그 표현은 주로 일어로 된 그들의 글과 작품(소위 '황민문학')을 통해 나타났다. 식민지시대 일문으로 글을 쓰고 일본인과 대화할 수 있었던 타이완인은 중산층 이상의 지식인으로 보통 광복 후 일본의 식민지배를 크게 비판하지 않았을 뿐만 아니라, 심지어 개인의 이익을 위해 일본에 영합하거나 일제시대에 대한 향수를 드러내기도 했다. 따라서 어떤 의미에서 중산층 이상의 지식인을 식민지체제 구조 하의 공범으로 보기도 한다.[85]

황민문학의 대표작으로 꼽히는 천훠취엔陳火泉(1908~1999)의 소설 『도道』를 보면, 벌레에 물린 주인공이 무의식중에 대만 속어俗語를 내뱉은 후 평소 '국어(일어)'로 사고하지 못하는 자신을 책망하는 장면이 나오는데, 이 작품이 작가의 반半자전적 소설이라는 점에서 당시 타이완 지식인의 사고 일면을 엿볼 수 있다.[86] 또 다른 황민문학 작품인 저우진포周金波(1920~1996)의 소설 『지원병志願兵』에는 일본 유학생 출신인 주인공이 "나는 일본의 영토(타이완: 인용자 주)에서 출생해 일본 교육을 받으며 자라서 일본어 외에는 말할 수 없어요. 일본어 가다가나片假名를 사용하지 않고서는 편지조차도 쓸 수 없으니 내가 일본인이 되는 것 외에 무슨 방법이 있겠어요."라고 토로하는 구절이 있다.[87] 이러한 점에서 볼 때 1945년 광복 이후 상당 기간 동안 교양을 지닌 타이완 지식인을 '일본어인'이라고 지칭한 것은 그들이 장기간의 식민지 시대에 '국어'로 습득한 일어로 지적 감성적 생활을 영위하였다는 점에서 적절한 표현이었다.[88]

한편 식민지배 이후 출생하여 일본식 교육을 받고 초등학교 교사를 지낸 우쭤류吳濁流(1900~1976)가 종전終戰 직전 집필한 『아세아의 고아』[89]라는 자전적自傳的 일어소설을 보면, 식민지 하의 타이완인이

공학교 운동회의 모의군사연습 모습 (1936)

느꼈던 중국인으로서의 정체성 혼란과 이로 인한 '타이완의식'의 자각을 엿볼 수 있다. 식민지 이등국민으로서의 차별과 모멸감에서 벗어나고자 스스로 중국대륙을 찾아간 주인공은 조국의 낙후된 모습과 동포의 냉대 속에서 일본 간첩으로 의심받으며 자신이 타이완인이라는 사실을 감추며 살다 1년 만에 다시 타이완으로 돌아온다. 어려서 조부로부터 항일무장투쟁의 영웅담을 듣고 자라 비교적 민족의식이 강하게 남아있는 오쬒류와 같은 사람도 전쟁말기 중국인도 일본인도 아닌 마치 버려진 고아같은 타이완인의 존재를 의식하고 이러한 타이완인의 비애를 '고아의식'[90]으로 승화시키고 있는데, 하물며 일제말기 청소년기를 보내면서 '황민화' 교육을 받은 전쟁세대(일명 '황국소년')에게서 중국인으로서의 국가의식을 기대한다는 것은 어려웠다. 대륙전선에서 복무하고 귀향한 군부軍伕가 직접 목격하였던 일본군의 잔악행위를 자는 척하며 몰래 듣고 있다 그만 참지 못하고 벌떡 일어나 "황군皇軍인 일본군은 그런 나쁜 짓을 하지 않아요!"라고 외쳤다는 따이궈후이 戴國煇(1931~2001)의 회고는 그 일면을 잘 보여주고 있다.[91] 이들 전쟁세대에게 충성해야 할 국가란 바로 일본제국이었던 것이다.

국어강습소 학생들의 군사훈련수업 모습 (1940)

3. 동화와 개화의 상흔

1945년 8월 15일 일본의 무조건 항복으로 타이완은 마침내 50년간의 식민지지배에서 벗어나 중국으로 복귀하게 된다. 일본의 갑작스런 패망 소식에 잠시 혼란[92]과 불안에 떨었던 타이완인은 곧바로 전쟁이 끝났고 식민체제에서도 해방되었음을 실감한다. 광복의 환희 속에 타이완에서는

타이완에 진주하는 국민당
군대를 환영하는 학생들

조국 환영 준비와 함께 자발적인 새로운 국어(북경어를 기초로 한 중국표준어) 학습열기가 일어났다. 개인적으로 교습을 받거나 자신의 집에 학습반을 개설, 교사를 초빙하여 이웃사람들과 함께 배우는 사람도 있었고 각급 학교에서도 국어강습반을 적극적으로 개설하였으며 각종 국어보습학원도 생겨났다.[93] 동시에 국어와 중문학습을 위한 교재와 자전도 편찬·간

일본군 항복의식이 거행된 타이뻬이 공화당 (현 中山堂)
앞에서의 타이완 광복기념 사진 (1945.10.25)

행되었다.[94] 이러한 타이완인의 적극적인 학습열은 조국에 대한 열정의 표현이기도 했지만, 일제시대를 통해 '국민'이라면 반드시 '국

어’를 배워야 한다는 관념과 경험을 갖고 있었기 때문이기도 하다.[95]

한편 국민당정부는 카이로 선언 이후 타이완 접수를 기정사실로 인식하고 일찍이(1944년 4월) 타이완조사위원회臺灣調查委員會를 설립했다. 위원회는 1945년 3월 「타이완 접수·관리 계획요강臺灣接管計劃綱要」을 수립하였고, 그 가운데 국어보급과 일문日文처리 계획도 포함되어 있었다. 이에 따르면 ① 접수 후 국어보급계획을 확정하여 기한을 정하고 점진적으로 시행하되, 초등학교와 중학교에서 국어를 필수과목으로 한다. ② 공무원과 교사들로 하여금 먼저 국어를 사용하도록 하며, 일어강습소를 국어강습소로 개편하여 국어교사를 우선 양성한다. ③ 접수 후 공문서와 교과서 및 신문의 일문 사용을 금지하고, 일본점령 기간 동안 간행된 간행물과 영화 가운데 중국과 국민당 또는 역사를 왜곡한 것은 모두 소각한다. ④ 별도로 전문 편역編譯 기관을 두어 교과서를 편집토록 한다고 되어있다.[96]

1945년 8월 타이완성행정장관공서臺灣省行政長官公署 장관에 임명된 천이陳儀(1882~1950)는 부임 즉시 국어보급을 통한 일본문화의 잔재 제거에 적극 착수했다. 구체적인 조치로 다음 몇 가지 정책이 실시되었다. ① 1946년 4월 ‘타이완성 국어보급 위원회臺灣省國語推行委員會’와 각 현과 시의 ‘국어보급소國語推行所’를 설립하여 주로 어문교재의 편찬, 국어방송 시범, 국어 표준참고서 간행, 국어교사 훈련 등을 담당토록 하였다.[97] ② 국내외 대학 본과출신 또는 고등사범 본과 혹은 전문과 졸업 후 1년 이상 교직 경험이 있으며 국어를 능숙하게 구사할 수 있는[98] 국어교원을 중국에서 초빙하였다. ③ 문화와 사상상에 일본이 남긴 잔재를 제거하기 위해 「금지도서 단속 필수규정 8조取締違禁圖書必須辦法八條」를 제정, 일문 금서를 단속했다. 그 결과 타이뻬이 시에서만 836종 7300여 권이 압수·소각되었고, 기타 각 현

과 시에서 모두 1만 여 책이 소각되었다.[99]

이러한 타이완인의 학습열기와 국민당정부의 노력에도 불구하고 생소한 언어와 문자를 단기간 내에 마스터하는 것은 쉬운 일이 아니었다. 당시 타이완 지식인 가운데서도 국어(문)를 읽고 쓸 수 있는 사람은 매우 적었으며,[100] 특히 어려서부터 일어를 배운 30세 이하의 젊은이들에게는 국어는 말할 것도 없고 조상들이 사용하던 언어(방언)조차도 공동의 언어가 아니었다. 일제 때 학교교육을 받은 대부분의 타이완인은 대화 시 많은 일어 어휘를 섞어야만 자신의 의사를 제대로 표현할 수 있었다. 좀 과장되게 말하면 종전 무렵 타이완은 완전히 일어(문)의 세계였던 것이다.[101] 쟝광즈張光直(1931~2001)의 회고에 따르면 광복 초 작은 시골마을이었던 빤챠오板橋에서도 중년과 청년 남자들은 모두 일어로, 노인과 대부분의 여성들은 민남어로 대화를 했으며 국어로 대화하는 타이완인은 전혀 없었다고 한다.[102] 광복 후 타이완 각급 학교에서 수업시간에 일어 사용을 금지했기 때문에 교사나 교수들은 당분간 현지 방언을 사용할 수밖에 없었다. 하지만 타이완의 방언은 하나가 아니어서 만약 교사가 민남어로 수업을 하면 객가客家 학생들은 알아들을 수 없는 문제가 발생하는 등 과도기적 혼란을 피할 수 없었다.[103]

1946년 9월 천이 장관은 현재 중학생들이 이미 60%정도의 국어를 알아듣고 말할 수 있으며, 1년 후에는 모든 학교에서 국어로 수업을 할 수 있을 것이라는 매우 낙관적인 견해를 밝혔다. 이는 타이완인의 적극적인 학습노력과 정부의 강력한 국어보급 추진의 결과로 일정한 성과를 거두고 있었기 때문이었다. 당시 보도에 따르면 많은 타이완인들이 틈만 나면 열심히 국어를 배웠고 기회가 있을 때마다 반드시 외성인에게 가르침을 구했으며, 라디오에서 매일 방송되는 국어교육 프로그램 청취를 통해 자습하는 자도 있었다. 그리하여 배운지 3개월 만에 국어로 말할 수 있게 된 사례나 1년 만에 연설까지 할 수 있게 된 사례도 있었다고 한다.[104] 또 일제말기 유명한 일문 소설가로 이름을 날렸던 뤼허뤄呂赫若(1914~1951) 같은 이는 종전 1년 만에 '황민화운동'을 비판하는 4편의 중문 소설을 발표하기도 했다.[105]

광복후 손자와 함께 중국어를 배우는 할머니

　　그러나 이러한 성과에 반해 국어보급 추진에 걸림돌이 되는 요소도 있었다. 먼저 중국 대륙 각 성에서 타이완에 건너 온 사람은 물론 초빙되어 온 국어보급 요원들도 모두 표준 중국어를 구사한 것이 아니었다는 점이다.[106] 어떤 초등학생은 일기에 "국어에는 6종류가 있다"고 적었고, 한 중학생은 '윤함淪陷'을 교사의 고향 발음인 '윤한淪漢'으로 읽지 못했다고 꾸지람을 맞았다고 한다. 성 참의회參議會에서는 심한 경우 참의원과 보고자 간의 의사소통을 위해 3차례의 통역을 거쳐야 했다고 한다. 또 표준 국어를 전혀 구사하지 못하는 담당 과장이 타이완에 근무하러 온 국어교사를 면접하는 코미디 같은 일도 다반사였다. 이와 같이 표준화되지 못한 국어 발음 문제는 처음 국어를 배우는 타이완인에게 매우 곤혹스러운 일이었고 결국 학습의 욕을 떨어뜨리는 요인이 되었다.

　　다음 그 추진 배경과 방법이 타당하지 못했다는 점이다. 즉 일어(문)의 세계에 살던 타이완인이 새로운 언어에 적응하는 데 따르는 고충을 고려하지 않고, 국어를 구사할 수 없고 국문으로 글을 쓰지 못하는 타이완인을 일본 교육의 독소에 중독된 노예화된 집단으로 간주하여 차별하였으며, 식민지배의 여독을 제거하기 위해 조급하게 국어보급운동을 추진한 것이다. 또한 국민당정부가 민남어, 객가어, 일어를 구사할 수 있는 관리를 훈련시켜 타이완인과의 소통에 힘써야 함에도 불구하고, 자신들의 편의만을 위해 국어(문) 구사능력을 인재등용의 기준으로 삼았다는 점을 들 수 있다. 국민당정부는 새로운 정복자로 군림하면서 타이완 내의 고위 공직 대부분을 대륙 출신으로 채워 능력있고 훈련받은 타이완인을 배제시킴으로써, 광복 후 (일제 때 하지 못한) 타이완 통치에 적극적으로 참여하여 포부를 펴보려 했던 많은 타이완 엘리트들을 크게 실망시켰다.[107] 그 외 접수과정에서 보여준 국민당 관료의 부정부패 및 경제적 독점과 농단, 비효율적인 통제경제정책으로 인한 경제의 파탄, 군대와 경찰의 권력 남용, 50년간의 격절로 생긴 생활수준과 문화의 차이 및 이로 인한 타이완인과 대륙인 사이의 이질감과 이해부족[108] 등도 타이완인 특히 청년들의 국어 학습 열기를 냉각시키는 요인으로 작용했다.

그러나 국민당정부는 이러한 타이완인의 심리적 변화를 감지하지 못하고 도리어 국어를 배우지 않으면 애국하지 않는 것이며, 부득이한 상황에서 일어를 사용하면 일본화(노예화)된 징표로 간주했다. 그리하여 타이완인의 일본화를 철저히 근절하고 국어 보급의 효율을 높인다는 명분하에 천이 장관은 타이완에서의 국어운동을 4년 만에 완성하겠다는 자신의 말을 뒤집고, 1946년 10월 25일 광복 1주년을 기해 서둘러 신문과 잡지의 일문란日文欄을 폐지했다. 이는 일본이 타이완 점령 42년만인 1937년에 와서 비로소 신문과 잡지의 한문란을 폐지한 것과 비교해보면 얼마나 성급한 결정이었는지 알 수 있다. 하지만 이는 사실상 광복 1년 만에 국민당정부의 실정에 실망한 타이완

인, 특히 청년층이 친親조국에서 '친일親日'로 돌아서고 있는 상황에
서 타이완의 언론매체를 통제하여 반대여론을 잠재우고 일본의 영향
력을 제거하기 위해 취해진 조치였다고 한다.[109]

타이완인은 조국의 언어를 보급하고 타이완을 중국화한다는 대의
명분 때문에 일어(문) 사용 금지를 원칙적으로 반대하지 못하고, 단지
예상되는 생활상의 불편을 고려해 그 실시를 몇 년 연기할 것을 요청
했지만 받아들여지지 않았다.[110] 이 조치로 지식인을 포함한 많은 타
이완인이 새로운 사회에서 집단 '실어失語'와 문맹 또는 반문맹 상태
에 빠지게 되었다.[111] 한편 국민당 정부로서도 타이완의 민의를 파악
할 수 있는 기회, 즉 정보의 공급원을 스스로 봉쇄해버리는 역효과를
가져왔다. 결국 타이완인이 왜 '친일'로 돌아서게 되었는지에 대한
분석과 검토(자기반성)없이 서둘러 일문과 일어 사용을 금지함으로써
국어보급정책은 소기의 효과를 거둘 수 없게 되었다.[112]

한편 행정장관공서는 타이완인의 국어능력 부족을 이유로 1947년
12월부터 발효되는 헌법 규정에 따라 실시되어야 하는 지방자치단체
장의 민선民選을 1949년 말까지 연기한다고 여러 차례 공표했다.[113]
다시 말해 국어를 말하고 쓰지 못하는 것은 단순한 언어문제가 아니
라, 국민정신과 국가관념에 문제가 있는 것이기 때문에 타이완인은
자치능력이 없다는 것이었다.[114] 그리하여 '정치화' 된 국어는 타이완
인을 배척하는 무기로, 타이완인의 참정권리를 박탈하는 구실이 되
었다. 헌법에 보장된 자치권을 부정당한 타이완인은 큰 실망감과 함
께 분노를 느꼈고, 이러한 정치적 좌절감과 국민당정부에 대한 환멸
은 2·28사건 발생의 배경이 되었다.

2·28사건[115]이 발생하자 타이완인은 타이완어(주로 민남어)와 일어
의 구사 여부를 기준으로 외성인을 구별해내어 린치를 가하였다. 심

지어 단지 중산복中山服을 입었다는 이유만으로 한 마디 말없이 집단 구타를 당한 경우도 있었다고 한다.[116] 이는 외성에서 온 국민당 탐관오리에 대한 타이완인의 불만과 그간의 강압적인 국어보급정책에 대한 반감을 극명하게 보여주는 것이었다. 2.28사건 초기에 언어불통으로 목숨을 잃는 등 피해를 당한 사람이 외성인이었다면, 사건 후기에는 진압군의 명령을 알아듣지 못한 타이완인이 반대로 그 피해를 입었다.[117]

2·28사건 당시 타이완 거리는 게다 소리와 일본말 소리로 가득했고 일본 국가나 군가를 크게 부르면서 일본도를 휘두르는 자도 있

2·28 사건 현장
전매국 타이뻬이 지국支局 앞에 모인 군중 (1947. 2. 28)

었으며, 집중영集中營에 수용된 외성인들은 강제로 기미가요를 불러야 했다고 한다. 라디오에서는 일어와 타이완어 방송이 나왔고 '전보

戰報’보도와 일본군 출신 타이완인을 소집하는 방송을 하기도 했다. 당시의 ‘전보’와 표어, 포고布告 등은 모두 일어로 씌어졌고, 심지어 일본군복을 입은 자들도 있어 마치 일본인이 참가한 것 같은 의심을 불러일으키기도 했다.[118] 일본 식민지시대로 되돌아간 듯한 이러한 현상은 타이완 행정장관공서가 2·28사건을 야기한 자신들의 실정을 검토하지 않고, 사건 발생의 원인을 식민지 노예교육 탓으로 돌리게 하는 빌미가 되었다.

2·28 당시 타이완인이 아직 국어(문)에 익숙하지 못한 상태에서 자신들에게 가장 익숙하고 서로 소통할 수 있는 언어인 일어를 사용한 것은 자연스러운 일이었다고 할 수 있다. 하지만 행정장관공서의 관원을 비롯한 외성인의 입장에서 적敵의 언어와 글을 사용하는 것은 용서할 수 없는 일로 받아 들여졌고, 결국 사건 평정 후 국민당정부는 “국어를 보급하고 일어 사용을 금지하며, 방언 사용을 줄이는推行 國語, 禁用日語, 少用方言” 것을 타이완의 언어정책으로 채택하게 된다. 따라서 일상생활에서 국어사용이 의무화 되었을 뿐만 아니라, 일어 사용[119]과 게다 착용이 금지되었고 일본 음반과 ‘황민화’를 고취하는 일본 서적 및 일본 군화·군모·방독면·군용나팔·군복·일본 국기 등도 모두 압수되었다.[120]

대부분의 타이완인들은 국어 학습의 중요성을 이해하고 열심히 익히려고 했지만. 단기간에 자유자재로 구사하기 어려웠기 때문에 국어에 익숙해질 동안만이라도 일어로 대화를 나눌 수 있기를 원했다. 일부 타이완인은 타이완인이 국어를 말하지 못하는 것은 결코 애국하지 않아서가 아니며, 꽝둥廣東인이나 푸지엔福建인 중에도 국어를 말하지 못하는 사람들이 많음에도 불구하고 왜 타이완인에게만 정해진 시간 내에 국어를 배우도록 강요하는지, 일본에 유학하여 일어를 유창하게 구사하는 내지(대륙)인은 중용重用하면서 왜 타이완인이 일어를 잘하는 것은 노예화된 것으로 간주하는지 등의 불만을 제기하였다.[121] 또한 일부 타이완인들은 2·28사건을 겪은 후 국어를 말하지 않고 배우지 않는 것으로 국민당에 대한 무언의 항의를 표시했는데, 국어를 말하지 않는 것을 일종의 중국(인) 정체성을 부인하는 상징으로 삼았던 것이다.[122] 일어(문) 사용금지는 1947년 5월 계엄해제와 신임 성주석省主席 웨이따오밍魏道明(1901~1978)의 부임 이후 일시 완화되는 듯했으나, 국민당의 타이완 지배가 확립되고 국어(문) 교육이 점차 뿌리를 내리면서 국어사용은 시대의 대세가 되었다. 그리하여 일제가 식민지시대에 보급한 일어는 '일본화'를 제거하고 '중국화'를 촉진한다는 명분 하에 외국어로서의 순기능마저 할 수 없는 역설이 일어났다. 한편 국어보급 초기 타이완인 사이에 그들만이 알 수 있는 '일어식 중국어'(소위 '타이완 국어')가 출현한 것은[123] 일제시대 '일어의 타이완화'와 마찬가지로 강제된 언어전환 과정에 나타난 또 다른 후유증이었다.

전후 타이완의 조국(중국) 복귀 과정에서 발생한 2·28사건은 타이완 현대사의 비극이자 전환점이었다. 2·28사건을 통해 타이완의 기성 엘리트를 일소하여 타이완 통치의 장애물

타이뻬이 2·28 기념공원 안에 세워진 기념탑

을 제거한 국민당정부는 이 사건을 반국가(반중국)적인 독립운동으로 규정하여 이후 오래 지속된 계엄통치와 '백색테러'의 명분으로 삼았다. 반면 이 사건으로 깊은 상처를 입은 타이완인은 자신들을 대륙에서 온 중국인과 다른 부류의 사람으로 인식하게 되었고, 그 동안 남아있던 '조국(중국)의식' 대신 막연하게 느껴왔던 '고아의식'을 반反외성인적인 '타이완의식'으로 전환하게 된다. 국민당정부의 독재체제 하에서 잠복되어 있던 '타이완의식'은 타이완 내외의 정세변화에 따른 민주화과정을 거치면서 타이완의 주체성을 강조하는 반중국적 '타이완의식'으로 확대되었다. 그리고 이것이 다시 개인과 족군의 이해에 따라 분화되어 오늘날 타이완 사회의 정체성 혼란과 국론분열로 표출되고 있다. 이런 혼란과 갈등의 바탕에는 2·28사건의 아픔이 있고, 이 사건의 배경에 언어전환 과정의 충돌이 있었다는 점에서 언어동화를 강제한 일본 식민지배의 폐해를 반드시 지적해야 할 것이다.

타이완 점령 초기부터 일어보급을 식민지 교육의 최우선 정책으로 삼은 일본당국은 여러 교육시설을 설립하여 적극적으로 일어를 가르쳤다. '국어'라는 이름으로 등장한 일어는 식민통치체제 확립과 더불어 각종 학교와 사회교육단체 및 일어보급시설을 통해 확대 보급되었고, 그 후 '내지연장주의' 정책 하에 일어보급운동이 더욱 강화되었다. 특히 만주사변 이후 타이완총독부는 공학교의 '국어' 수업시간을 늘리고, 「국어보급 10개년 계획」을 제정하는 등 일어교육을 통한 동화의 강도를 높여나갔다. '국어상용' 제창과 '국어보급망' 구축, '국어가정' 장려와 '국어부락' 건설, 공학교의 한문 수업과 일간신문의 한문란 폐지, 학교와 공공장소에서의 타이완어 사용 금지 등이 '황민화' 운동의 선풍 속에 더욱 강력하게 추진되었다. 그 결과 1940년 일어 해독자의 비율이 51%에 달해 조기 목표 달성의 성과를 거두었고, 곧이어 전개된 '국어불해자일소' 운동으로 1943년 말 그 비율이 80% 이상으로 급증했다고 한다. 하지만 이 수치는 통계 방법과 내용에 문제가 있는, 실제보다 상당히 부풀려진 것으로 액면 그대로 믿기는 어렵다. 그럼에도 불구하고 초등학교 학령아동의 평균 취학율이 같은 시기 71%(남자의 경우 81%)에 달했다는 것은 최소한 이들 세대에게 일어가 '국어'로서 분명 동화의 기능을 하였음을 보여준다. 동시에 차별적인 학교교육이 지배자와 피지배자의 불평등한 정치적 역할과 사회관계를 재확인하는 수단으로 작동하였다는 점에서 일어는 '지배의 언어'로도 기능하였음을 알 수 있다.

한편 식민지배 초기 소수의 협력자를 제외한 대다수 타이완인은 일어학습의 흥미와 필요를 느끼지 못했지만, 근대문명과 신식교육, 즉 개화에 대한 갈망은 어느 정도 내재하고 있었다. 일본의 지배가 확립되고 타이완의 지주자산계층이 식민지체제 내로 편입되면서 신식교육에 대한 수요가 늘어났지만, 노동자농민계층 대다수는 여전히 이에 무관심했고 교육에서 배제되어 있었다. 그 후 동화정책 하에 일어보급운동이 본격화되면서 사회현실을 무시한 어문정책에 대한 불만이 고조되고, 이에 일본유학생을 비롯한 근대교육을 받은 타이완 지식인을 중심으로 식민당국의 강제적인 언어동화정책에 반발하는 여러 운동이 전개되었다. 하지만 일제의 팽창 야욕이 커지면서 타이완인의 동화를 가속화하는 일어운동이 더욱 강화되었고, 교통 발달로 사회이동성이 제고됨에 따라 타이완 사회에 일어와 모어를 병용하는 현상이 나타났다. 그 결과 지배자에 의해 강제된 일어는 타이완 각 족군 간의 의사소통 도구, 즉 공통어로 기능하여 타이완인의 일체감을 강화시키게 된다. 곧이어 타이완인을 진정한 일본인으로 바꾸려는 '황민화' 운동이 전개되면서 일어를 생활언어로 사용하는 가정이 늘어나고, 일어로 된 문학작품 소위 '황민문학'이 출현했으며 유창한 표준 일어 사용을 자랑스럽게 여기는 현상이 생겨났다. 한편 '고도로 일본화'된 원주민과 고사의용대의 사례를 통해 동화의 강한 흔적과 더불어 강요된 동화의 허상을, '지원병제도'에 대한 반응을 통해 전시 타이완 청년세대의 집단정신을, 세대별 지식인의 활동과 작품을 통해 식민지배 하의 동화의 위력과 정체성 혼란으로 인한 '타이완의식'의 자각을 엿볼 수 있다.

일제의 식민지 언어정책은 다족군·다언어 사회인 타이완에 일어라고 하는 공통어를 갖게 했고, 강제된 '언어 식민'의 결과 종전 무렵 타이완을 일어(문)의 세계로 바꿔 놓았다. 이러한 '국어' 경험은 광복 후 국민당정부가 추진한 새로운 '국어(표준 중국어)운동'을 거부감 없이 받아들이게 한 동시에 국민당정부의 조급한 국어보급정책에 따른 언어전환을 힘들게 했다. 그러나 국민당정부는 타이완인의 이러한 고충을 고려하지 않고 자신들의 실정을 반성하지 않은 채, 국어를 하지 못하는 것을 노예화의 상징으로 간주하고 국어능력을 인재등용의 기준으로 삼았다. 더 나아가 국어능력 부족을 이유로 헌법에 보장된 자치권을 부정함으로써 타이완인의 불만과 좌절감을 증폭시켜 결국 2·28사건의 원인을 제공했다. 한편 2·28사건 기간 중 나타났던 일본 식민지시대로 되돌아간 듯한 현상은 국민당정부가 사건발생의 원인을 식민지 노예교육 탓으로 돌리게끔 하였고, 더 강력하게 국어보급을 추진하는 명분이 되었다. 그리하여 2·28사건의 비극을 겪은 많은 타이완인은 일제시대를 통해 자각하기 시작한 '타이완의식'

을 더욱 분명하게 인식하게 되었고, 이것이 지금까지 타이완 사회의 화해와 통합을 가로막는 정서적 배경으로 남아있다는 점에서 식민지 타이완에서 일어가 수행한 동화와 개화의 상흔이 얼마나 깊었는지를 생각하게 한다.

1 이차세계대전 중 일본군이 남양의 열대우림 작전에 투입하기 위해 동원한 타이완의 원주민 조직. 대원은 '지원'의 형식으로 모집했는데 제1차 의용대는 타이완에서 지원병제도가 정식으로 실시되기 전인 1942년 2월 필리핀으로 파견되었고, 그 후 제7차 의용대(1943년 11월)까지 모두 8,000명 정도가 참가한 것으로 알려져 있다. 사상자의 비율이 매우 높았으나(사망자만 2/3) 종전 후 아무런 배상도 받지 못했고 이에 대해 아무도 관심을 갖지 않았다. 程登山, 「原住民不知爲誰而戰」, 張國權主編, 『臺灣兵影像故事』, (臺北, 前衛出版社, 1997), pp.173-177.

2 이에 대한 타이완 내의 비판은 李壽林編, 『三脚仔 : 《臺灣論》與皇民化批判』, 臺北, 海峽學術出版社, 2001을 참조.

3 '타이완인' 이란 호칭은 일본의 식민통치를 받으면서 확립된 것으로, 淸代에 비록 '臺人' 또는 '臺民' 이라는 표현이 보이지만, 이는 타이완 거주 漢族만을 지칭한 것이었다(黃昭堂著, 林偉盛譯, 「殖民地與文化摩擦 -臺灣同化的糾葛」, 『臺灣風物』 41卷3期, 1991.9, pp.20-21). 다시 말해 식민지하 차별받던 타이완 주민이 자신의 권익을 쟁취하기 위해 일본 통치자에 대항하는 과정에서 원주민을 포함한 모든 타이완인을 하나로 인식하는 의식이 형성된 것이다. 현재 타이완인의 정의는 크게 4가지: ① '閩南人', ② '本島人'(일제시대 일본인에 대한 對稱으로 민남과 객가계 漢族), ③ '本省人'(광복 후 대만에 건너온 외성인에 대한 대칭), ④ '新臺灣人'(민남인, 객가인, 원주민, 외성인을 모두 포함)로 나뉘는데(何義麟, 「'國語' 轉換過程中臺灣人族群特質之政治化」, 若林正丈·吳密察主編, 『臺灣重層近代化論文集』, 臺北, 播種者文化有限公司, 2000, pp.454-455), 본 연구에서는 시대에 따라 본도인과 본성인의 개념으로 각각 사용하였다.

4 E.Patricia Tsurumi, *Japanese Colonial Education*, Cambridge, Mass: Harvard University Press, 1977 ; 蔡茂豊, 『臺灣における日本語敎育の史的硏究: 1895-1945』, 臺北, 東吳大學日本文化硏究所, 1989 ; 近藤純子, 「戰前臺灣における日本語敎育」, 『講座日本語と日本語敎育15 : 日本語敎育の歷史』, 明治書院, 1992 ; 小澤有作, 「日本植民地敎育政策論 : 日本語敎育政策を中心にして」, (東京都立大學)『人文學報』 82, 1971.

5 吳文星, 「日據時期臺灣總督府推廣日語運動初探」(上)(下), 『臺灣風物』 37卷 1,4期 1987.3,12 ; 周婉窈, 「臺灣人第一次的 '國語' 經驗 : 析論日治末期的日語運動及其問題」, 『新史學』 6卷 2期, 1995.6.

6 최근 출간된 陳培豊의 박사논문『 '同化'の同床異夢：日本統治下臺灣の 國語教育史再考』(東京, 三元社, 2001)에서 '국어(일어)' 교육에 대한 타이완인의 수용태도와 '동화' 교육에 대한 타이완 지식인의 저항을 일부 다루고 있다.

7 ethnic group 또는 ethnicity의 번역어로 族群이란 다소 생소한 용어를 사용할 수밖에 없는 이유에 대해서는 문명기,「청말 대만의 番地 개발과 족군정치의 終焉」,『중국근현대사연구』 30 (2006.6), p.60을 참조.

8 주완요 저, 손준식 외 역,『대만 아름다운 섬 슬픈 역사』(서울, 신구문화사, 2003), pp.114-115.

9 일본의 타이완 점령과정과 초기 통치정책에 대해서는 손준식,「일본의 대만 식민지 지배 -통치정책의 변화를 중심으로」,『아시아문화』 18 (한림대 아시아문화연구소, 2002.8), pp.10-16를 참조.

10 小澤有作, 앞의 글, p.4, 9.

11 許佩賢,「殖民地臺灣的近代學校 -其實像與虛像」, 若林正丈・吳密察主編,『跨界的臺灣史研究：與東亞史的交錯』(臺北, 播種者文化有限公司, 2004), p.181.

12 예컨대 臺北縣의 '縣立日本語學校', 宜蘭支廳의 '明治語學校', 新竹지청의 '竹城學館', 基隆지청의 '日本語速成學校' 등이 있었다. 許佩賢,『殖民地臺灣的近代學校』(臺北, 遠流出版, 2005), p.29.

13 '국어전습소'의 개설 상황과 학생 수에 대해서는 위의 책, pp.30-37을 참조.

14 일본인의 타이완어 학습은 단지 식민행정사무를 수행하기 위한 것이었을 뿐 실제는 타이완어를 열등한 언어로 간주하였다. 예컨대 법원에서 재판관이 타이완어 통역과 직접 대화하는 것을 천하다고 여겨 중간에 중국 官話 통역을 두었다고 한다. 黃昭堂著, 林偉盛譯, 앞의 글, p.25.

15 洪惟仁,「日據時代的臺語教育」,『臺灣風物』 42卷 3期 (1992.9), p.55 ; 許佩賢,「殖民地臺灣的近代學校 -其實像與虛像」, p.181 ; 邱敏捷,「論日治時期臺灣語言政策」,『臺灣風物』 48卷 3期 (1998.9), pp.41-42 ; 駒込武,『 植民地帝國日本の文化統合』(東京, 岩波書店, 1996), pp.43-44.

16 吳文星, 「日據時期臺灣總督府推廣日語運動初探」(上), p.6 ; 臺灣敎育會編, 『臺灣敎育沿革誌』(臺北, 1939), pp.233-238 ; 코모리 요이치 지음, 정선태 옮김, 『일본어의 근대』(서울, 소명출판사, 2003), p.224.

17 당시 타이완총독부는 모든 서방을 철폐하고 약 30만 명에 달하는 타이완인의 자제를 공학교에 입학시키기 위해서는 최소 800개의 학교가 필요하고 이를 설립하는데 120만엔 이상 소요될 것으로 추산하고 있었다. 王順隆, 「日治時期臺灣人'漢文敎育'的時代意義」, 『臺灣風物』 49卷 4期 (1999.12), pp.107-108.

18 吳文星, 「日據時代臺灣書房之硏究」, 『思與言』 16卷 3期 (1978.9), p.65.

19 王順隆, 앞의 글, pp.113-114, 116-117 ; 洪惟仁, 앞의 글, pp.56-59.

20 王順隆, 앞의 글, p.117.

21 吳文星, 「日據時期臺灣的放足斷髮運動」, 『臺灣社會與文化變遷硏討會論文集』(中央硏究院民族學硏究所專刊乙種之十六, 1986), pp.97-98.

22 吳文星, 「日據時期臺灣總督府推廣日語運動初探」(上), pp.12-13.

23 山根勇藏, 「國語普及に關する施設」(一)(三), 『臺灣敎育』 214, 216 (1920.2, 4), pp.7-8, 14-15, 6-7.

24 E. Patricia Tsurumi, 林正芳譯, 「日本敎育和臺灣人的生活」, 『臺灣風物』 48卷 1期 (1997.3), p.57.

25 타이완 전체 인구에서 일어를 말할 수 있는 사람의 비율은 1905년 약 0.38%에서 1915년 1.63%, 1920년 2.55%, 1932년 21.7%, 1935년 29.1%, 1938년 41.9%, 1941년 57.0%로 점차 증가했다고 한다. 村上嘉英, 「日本人の臺灣における閩南語硏究」, 『日本文化』 45 (1966), pp.85-87.

26 내지연장주의를 채택한 또 다른 이유는 당시 제국주의 국가 간에 날로 높아가는

긴장과 일본의 확장주의에 대한 불안에 대응하기 위해 서구식민주의와 구별되는 일본식민주의의 정당성을 찾는데 있었다. 즉 서구식민주의가 폭력적이고 통치자 vs. 피통치자, 식민자 vs. 피식민자의 관계인 반면, 일본은 시종 "천황을 중심으로 동일한 통치와 자연적인 확장"을 견지했다는 것이다. 荊子馨著, 鄭力軒譯, 『成爲日本人：殖民地臺灣與認同政治』(臺北, 麥田出版, 2006), pp.145-146.

27 손준식, 「일본의 대만 식민지 지배」, pp.18-21.

28 邱敏捷, 앞의 글, pp.42-43 ; 王順隆, 앞의 글, p.117 ; 吳文星, 「日據時期臺灣總督府推廣日語運動初探」(上), pp.18-23.

29 吳文星, 「日據時期臺灣總督府推廣日語運動初探」(下), pp.63-64.

30 손준식, 「일본의 대만 식민지 지배」, pp.21-24.

31 『臺灣敎育沿革誌』, pp.1051-1054.

32 「國語講習所盛んに發會する」, 『臺灣敎育』 346 (1936.5.1), p.145.

33 中島利郎著, 彭萱譯, 「日治時期臺灣硏究的問題點」, 『文藝臺灣』 46 (2003.4), pp.306-307.

34 1937년 4월 2812개의 '국어강습소'에서 185590명의 학생을, 1555개의 '간이국어강습소'에서 77781명의 학생을 수용한 것으로 되어 있다. 『臺灣敎育沿革誌』, p.1054.

35 吳文星, 「日據時期臺灣總督府推廣日語運動初探」(下), pp.68-70.

36 中島利郎著, 彭萱譯, 앞의 글, p.307.

37 臺中州에서는 공무원 간 타이완어 사용을 금지하였고, 臺北州 羅東郡 三星莊에서는 일어를 사용하지 않는 자에게 벌금을 부과하였고, 花蓮港廳에서는 근무 중 타이완어를 사용하면 즉시 해고시켰다고 한다. 荊子馨著, 鄭力軒譯, 앞의 책,

pp.135-136.

38 지금까지 타이완학계에서는 총독부의 명령에 의해 일간신문의 한문란이 폐지된 것으로 알려져 왔다. 하지만 최근 연구에 의하면 이와 관련된 어떠한 '律令'이나 '府令'도 발견할 수 없고 終戰 때까지 중문으로 된 잡지와 책이 발간되었다는 점에서, 총독부로부터 무형의 압력이 있었을지도 모르나 한문란 폐지는 신문사 스스로의 규정에 근거한 행동임을 알 수 있다고 한다. 中島利郎著, 彭萱譯, 앞의 글, pp.300-306.

39 周婉窈, 「臺灣人第一次的 '國語' 經驗: 析論日治末期的日語運動及其問題」, pp.122-135.

40 『臺灣日日新報』, 1941.10.17; 『興南新聞』, 1943.2.9; 『臺灣日報』, 1943.2.28,3.6.

41 『興南新聞』, 1943.10.12.

42 예컨대 통계조사 직전부터 강습소에 다니던 사람이 조사가 끝난 후 바로 그만두더라도 일어 해득자로 간주되는 기술적인 문제도 있거니와, 각 지방정부가 일어 해득자의 수를 늘리기 위해 '국어강습소'의 학생수를 실제보다 부풀릴 수도 있었다.

43 周婉窈, 「從比較的觀點看臺灣與韓國的皇民化運動(1937-1945)」, 『新史學』 5卷 2期 (1994.6), p.131.

44 中島利郎著, 彭萱譯, 앞의 글, p.307.

45 周婉窈는 '황민화' 시기 식민당국이 타이완어의 사용을 체계적으로 금지한 적이 없었다는 점에서, 일부 공공장소에서 타이완어 사용이 금지된 경우는 있지만 더 이상 확대·지속되지 않은 것으로 본다. 「從比較的觀點看臺灣與韓國的皇民化運動 (1937-1945)」, pp.131-132.

46 中島利郎著, 彭萱譯, 앞의 글, pp.307-312.

47 E. Patricia Tsurumi, 林正芳譯, 앞의 글, p.66.

48 臺灣省行政長官公署統計室編, 臺灣省五十一年來統計提要』(臺北, 1946), p.124
   2 ; 林茂生著, 林詠梅譯, 『日本統治下臺灣的學校敎育』(臺北, 新自然主義公司,
   2000), p.275.

49 예컨대 1939년 臺中州 田尾의 작은 마을(인구 1882명) 十張犁에는 공학교학생
   235명, 미입학 아동 160명, 공학교 졸업생 98명과 중도 퇴학자 160명이 있었
   다. E. Patricia Tsurumi, 林正芳譯, 앞의 글, p.56, 60-61.

50 위의 글, pp.69-70.

51 邱敏捷, 앞의 글, pp.44-47.

52 E. Patricia Tsurumi, 林正芳譯, 앞의 글, p.70.

53 주완요 저, 손준식 외역, 앞의 책, p.157.

54 총독부가 설립한 '국어전습소'의 성립과 입학생 모집 및 입학생의 출신 성분 등
   에 대해서는 許佩賢, 「臺灣近代學校的誕生 －日治初期國語傳習所的成立」, 『臺灣
   社會文化變遷學術硏討會論文集』(臺北, 國立臺灣師範大學, 2000), pp.197-210
   을 참조.

55 吳文星, 「日據時期臺灣總督府推廣日語運動初探」(上), p.9.

56 周婉窈, 「臺灣人第一次的'國語'經驗: 析論日治末期的日語運動及其問題」, pp.1
   17-118.

57 吳文星, 『日據時期臺灣社會領導階層之硏究』(臺北, 正中書局, 1992), p.53.

58 타이완인이 자제를 공학교에 보내지 않은 이유에 대해서는 王順隆, 앞의 글, p.
   116을 참조.

59 張博宇編, 『臺灣地區國語運動史料』(臺北, 商務印書館, 1974), p.15.

60 許佩賢, 「臺灣近代學校的誕生 －日治初期國語傳習所的成立」, p.195, 222.

61 이에 관한 자세한 내용은 吳文星, 앞의 책을 참조.

62 吳文星, 「日據時期臺灣總督府推廣日語運動初探」(上), p.6.

63 許佩賢, 「殖民地臺灣的近代學校 －其實像與虛像」, pp.182-183.

64 井出季和太, 『臺灣治績志』(臺北, 臺灣日日新報社, 1933), p.75; E.Patricia Tsurumi, *Japanese Colonial Education*, p.63, 244 ; 『臺灣省五十一年來統計提要』, p.76, 1233.

65 持地六三郎, 『臺灣植民政策』(東京, 1912), p.299.

66 吳文星, 「日據時期臺灣總督府推廣日語運動初探」(下), p.53 ; 吳文星, 「日據時代臺灣書房之研究」, p.65.

67 이에 관해서는 손준식, 「식민지 지배와 정체성 －일제하 '대만의식' 의 형성과정」, 『인문학연구』(중앙대) 40집 (2006.12), pp.11-13을 참조.

68 해마다 줄어들던 한문서방의 수가 1922년을 경계로 다시 증가하고 있는데서 그 반응을 볼 수 있다. 즉 1922년 94개까지 감소했던 서방이 23년부터 매년 늘어나기 시작해서 1930년에는 164개로 증가하고 있다. 王順隆, 앞의 글, p.121.

69 吳文星, 「日據時期臺灣總督府推廣日語運動初探」(下), pp.54-63.

70 하세봉, 「대만의 식민지경험과 정체성」, 『비교문화연구』16(2004), pp.93-94.

71 일제시대 타이완사회의 변화에 관해서는 張國興, 「日本殖民統治時代臺灣社會的變化」, 張炎憲等主編, 『臺灣史論文精 選』下 (臺北, 玉山社, 1996), pp.55-76을 참조.

72 周婉窈, 「臺灣人第一次的 '國語' 經驗 : 析論日治末期的日語運動及其問題」, pp.123-124.

73 타이완 원주민 高山族은 크게 9개 종족으로 나누는데 서로 간에 공통의 언어가 없다. 한족계 타이완인의 언어도 福佬話와 客家話로 나뉘는데, 복료화는 泉州 억양과 漳州 억양이 다르고, 객가어는 桃園과 潮州 사이에 약간의 차이가 있다. 黃昭堂著, 林偉盛譯, 앞의 글, pp.37-38.

74 周婉窈, 「臺灣人第一次的 '國語' 經驗：析論日治末期的日語運動及其問題」, pp.1 30-132, 135-138.

75 그 자세한 내용은 위의 글, pp.140-142를 참조.

76 鍾逸人, 『心酸六十年』(臺北, 自由時代出版社, 1988), p.214.

77 臺中州 能高郡 霧社(지금의 南投縣 仁愛鄉) 지역의 泰雅族一派가 일본 식민당국의 착취와 모욕 등에 불만을 품고 일으킨 항일운동으로 10월 27일 원주민의 기습공격에 능고군 군수를 포함한 총 139명의 일본인이 사망했고, 이에 대한 보복으로 일본군경이 벌인 잔인한 토벌작전 결과 644명의 원주민이 희생되었다. 원주민 가운데 가장 "개화되고 유순하다"고 식민당국이 자랑하던 지역에서 사전에 치밀하게 계획된 봉기였다는 점에서 일본의 타이완식민지 지배의 근간을 흔드는 충격적인 사건이었다.

78 주완요 저, 손준식 외역, 앞의 책, pp.142-143.

79 荊子馨著, 鄭力軒譯, 앞의 책, pp.225-232.

80 주완요 저, 손준식 외역, 앞의 책, pp.178-182.

81 周婉窈, 「從比較的觀點看臺灣與韓國的皇民化運動 (1937-1945)」, p.147, 150.

82 周婉窈는 그 원인을 매스컴의 부추김, 조직적 동원, 동년배의 집단적 광기, 민족적 자존과 경쟁심리 등으로 나누어 분석하고 있다. 위의 글, pp.151-153.

83 張博宇編, 앞의 책, pp.14-20.

84 주완요 저, 손준식 외역, 앞의 책, p.157.

85 戴國煇,『臺灣史對話錄』(臺北, 南天書局, 2002), pp.272-273.

86 林瑞明,「騷動的靈魂 −決戰時期的臺灣作家與皇民文學」, 張炎憲等編,『臺灣史論文精選』下 (臺北, 玉山社, 1996), pp.206-210.

87 周振英譯,「志願兵」,『周金波集』(臺北, 前衛出版社, 2002), p.20.

88 若林正杖,『現代アジアの肖像: 蔣經國ど李登輝』(東京, 岩波書店, 1997), p.40.

89 吳濁流,『亞細亞的孤兒』, 臺北, 草根出版社, 1995.

90 고아란 개념은 부모로부터 버려졌다는 의미 외에 돌아갈 집이 없다는 점에서 물리적 또는 지리상으로 떨어져 있으나 문화 또는 심리상에서 여전히 조국과 연결되어있는 離散 diaspora과 차이가 있다.

91 戴國煇,『臺灣史探微: 現實與史實的相互往還』(臺北, 南天書局, 1999), pp.102 −103.

92 갖가지 혼란 중에 일부 타이완인은 이제부터 일어가 아니라 타이완어(민남어)를 사용할 수 있다고 생각했고, 심지어 '타이완어 상용'을 외친 학생연맹도 있었다고 한다. 周婉窈,「臺灣人第一次的 '國語' 經驗 : 析論日治末期的日語運動及其問題」, p.147.

93 吳密察,「臺灣人的夢與二二八事件」,『當代』87期(1993.7), pp.33-35 ; 許雪姬,「臺灣光復初期的語言問題」,『史聯雜誌』19(1991.12), p.91.

94 예컨대 해방 직후 나온 陳茂雲編,『國語會話敎本』(臺北, 國語普及會)과 1946년 연초에 나온 二樹庵, 詹鎭卿合編,『國臺音萬字典』(嘉義, 蘭記書局) 등이 있다.

95 周婉窈,「臺灣人第一次的 '國語' 經驗 : 析論日治末期的日語運動及其問題」, p.148.

96 陳鳴鐘等編,『臺灣光復和光復後五年省情』上 (南京, 南京出版社, 1990), p.54, 50.

97 臺灣省行政長官公署秘書處編輯室·民政處秘書室編, 『臺灣省行政長官公署施政報告』(1946), pp.122-123.

98 『申報』, 1945.12.11.

99 「臺灣省行政長官公署1946年工作報告」, 陳鳴鐘等編, 앞의 책, p.234.

100 『新臺灣雜誌』는 지식인 가운데 한문을 읽고 쓸 수 있는 사람을 30세 이상에서는 100명 중 한두 명 찾을 수 있으나, 30세 이하에서는 그마저 없다고 전한다.

101 許雪姬, 앞의 글, p.90.

102 張光直, 『蕃薯人的故事』臺北, 聯經出版公司, 1998), p.33.

103 「臺灣省行政長官公署敎育處答省參議會質詢」(1946.5), 陳鳴鐘等編, 앞의 책, p.374.

104 許雪姬, 앞의 글, pp.92-93.

105 『呂赫若 –月光光』(臺北, 遠流出版, 2006), 序.

106 국어보급 요원의 파견과정과 그 자질의 문제점에 관해서는 張博宇編, 앞의 책, p.29, 38-40를 참조.

107 1946년 4월 30명을 선출하는 초대 성 참의원 선거에 1180명이 입후보한데서 자치에 대한 타이완인의 기대를 짐작할 수 있다. 민두기, 「대만사의 소묘 –그 민주화 역정」, 민두기 지음, 『시간과의 경쟁 –동아시아 근현대사논집』 (연세대학교출판부, 2001), p.230.

108 특히 일본 통치 하의 마지막 8년(1937-1945)은 타이완인이 '황민화' 운동 하에서 전쟁에 동원되던 시기였고, 동시에 중국인이 치열하게 항일전쟁을 벌리던 시기였다. 따라서 타이완인은 조국 사람의 깊은 반일감정을 이해하지 못했고, 중국인은 일본의 식민통치가 대만에 미친 영향에 대해 알지 못했다.

109 許雪姬, 앞의 글, pp.90-91, 93-95 ; 何義麟, 앞의 글, pp.461-462.

110 何義麟, 앞의 글, p.461.

111 王曉波, 「走出二二八事件的歷史陰影」, 『中華雜誌』 272期 (1986), p.33.

112 王彝定, 「二二八以前的臺灣」, 『中國時報 : 人間副刊』, 1991.10.13.

113 「上海大公報載陳儀答記者問」, 陳鳴鐘等編, 『臺灣光復和光復後五年省情』(下), pp.571-572 ; 陳貢棋, 「一九四九年美對華白皮書 -臺灣情勢備忘錄」, 陳芳明編, 『臺灣戰後史資料選: 二二八事件專輯』 (臺北, 二二八和平促進會, 1991), p.355.

114 「國語國文與國家觀念」, 『民報』, 1947.2.8.

115 1947년 2월27일 타이뻬이 담배 전매국 직원이 사제 담배 노점상을 단속하는 과정에서 생긴 충돌이 확대된 사건으로 곧이어 타이완 여러 도시에서 '폭동'이 발생하여 국민당정부에 대한 항쟁이 이어졌다. 이 사건은 그동안 국민당정부 관리의 무능과 부패에 대한 타이완인의 누적된 불만이 일거에 표출된 것으로, 그 후 대륙본토에서 파견된 군대에 의해 진압되었다. 이 과정에서 당국은 폭동에 참여하지 않은 많은 타이완의 지도자와 지식인까지도 체포하거나 학살하였는데, 당시 희생된 사망자 수는 약 2만 명 정도로 추정하고 있다. 이는 현재까지도 타이완사회의 지울 수없는 깊은 상처로 남아있다.

116 張光直, 앞의 책, p.40.

117 勁雨, 『臺灣事變眞相與內幕』 (臺北, 建設書店, 1947), p.4 ; 王康, 「介紹 '二二八事變親歷記'」, 『前進時代』7期 (1984.3), p.41.

118 許雪姬, 앞의 글, p.97

119 금지의 목적을 달성하기 위해 臺東民敎館에서는 館員들에게 상호 검거의 의무를 규정하였다. 『國聲報』, 1947.5.24.

120 만일 자진 신고하지 않고 사후에 발각될 경우 처벌받도록 규정되어 있었다. 『國聲報』, 1947.5.19, 5.8 ; 『中華日報』, 1947.4.8.

121 『大公報』, 1948.11.14 ; 佚名, 「陳公洽與臺灣」, 李敖編, 『二二八研究三集』(臺北, 李敖出版社, 1990), p.224.

122 黃嘉光 · 王水水, 「走出二二八的陰影」, 『前進時代』 7期 (1984.3), p.13 ; 鍾逸人, 앞의 책, p.511.

123 許雪姬, 앞의 글, pp.98-100.

참고문헌

1. 자료

『臺灣敎育』, 『臺灣日日新報』, 『臺灣日報』, 『興南新聞』, 『國聲報』, 『中華日報』, 『大公報』

臺灣省行政長官公署秘書處編輯室·民政處秘書室編, 『臺灣省行政長官公署施政報告』, 1946.

臺灣省行政長官公署統計室編, 『臺灣省五十一年來統計提要』臺北, 1946.

臺灣省行政長官公署編, 『臺灣省教育概況』, 臺北, 1946.

吳濁流, 『亞細亞的孤兒』, 臺北, 草根出版社, 1995.

吳濁流著, 鍾肇政譯, 『臺灣連翹』, 臺北, 南方叢書出版社, 1987.

張光直, 『蕃薯人的故事』, 臺北, 聯經出版公司, 1998.

張博宇編, 『臺灣地區國語運動史料』, 臺北, 商務印書館, 1974.

鍾逸人, 『心酸六十年』, 臺北, 自由時代出版社, 1988.

周金波, 『周金波集』, 臺北, 前衛出版社, 2002.

陳鳴鐘等編, 『臺灣光復和光復後五年省情』(上·下), 南京, 南京出版社, 1990.

陳芳明編, 『臺灣戰後史資料選：二二八事件專輯』, 臺北, 二二八和平促進會, 1991.

國府種武, 『臺灣に於ける國語教育の展開』, 臺北, 1931.

臺灣教育會編, 『臺灣教育沿革誌』, 臺北, 1939.

臺灣總督府, 『臺灣統治要覽』, 臺北, 1945.

臺灣總督府, 『臺灣の敎育』, 臺北, 1930.

臺灣總督府, 『臺灣の社會敎育』, 臺北, 1941.

臺灣總督府, 『臺灣の學校敎育』, 臺北, 1940.

山崎睦雄, 『二語倂用地に於ける國語問題の解決』, 臺北, 1939.

宋登才, 『國語講習所敎育の實際』, 臺北, 1936.

井出季和太, 『臺灣治績志』, 臺北, 臺灣日日新報社, 1933.

佐藤源治, 『臺灣敎育の進展』, 臺北, 臺灣出版文化株式會社, 1943.

2. 논저

민두기, 「臺灣史의 素描 -그 민주화 역정」, 『시간과의 경쟁 : 동아사아근현
　　　대사논집』, 연세대학교 출판부, 2001.

손준식, 「일본의 대만 식민지 지배 -통치정책의 변화를 중심으로」, 한림대
　　　학교 아시아문화연구소 편, 『아시아문화』 18, 2002.

주완요 저, 손준식 외역, 『대만 아름다운 섬 슬픈 역사』, 신구문화사, 2003.

코모리 요이치 지음, 정선태 옮김, 『일본어의 근대 : 근대 국민국가와 '국어
　　　'의 발견』, 소명출판사, 2003.

하세봉, 「대만의 식민지경험과 정체성」, 『비교문화연구』16, 2004.

E.Patricia Tsurumi, 林正芳譯, 「日本敎育和臺灣人的生活」, 『臺灣風物』
　　　47-1, 1997.

邱敏捷, 「論日治時期臺灣語言政策」, 『臺灣風物』48-3, 1998.

戴國煇, 『臺灣史對話錄』, 臺北, 南天書局, 2002.

戴國煇, 『臺灣史探微: 現實與史實的相互往還』, 臺北, 南天書局, 1999.

吳文星, 「日據時期臺灣書房敎育之再檢討」, 『思與言』 26-1, 1988.

吳文星, 「日據時期臺灣總督府推廣日語運動初探」(上)·(下), 『臺灣風物』37-

1, 4, 1987.

吳文星, 「日據時代臺灣書房之研究」, 『思與言』16-3, 1978.

吳文星, 『日據時期臺灣社會領導階層之研究』, 臺北, 正中書局, 1992.

吳密察, 「臺灣人的夢與二二八事件」, 『當代』87, 1993.

王順隆, 「日治時期臺灣人 '漢文教育' 的時代意義」, 『臺灣風物』49-4, 1999.

王曉波, 「走出二二八事件的歷史陰影」, 『中華雜誌』272, 1986.

林瑞明, 「騷動的靈魂 - 決戰時期的臺灣作家與皇民文學」, 張炎憲等編, 『臺灣史論文精選』(下), 臺北, 玉山社, 1996.

周婉窈, 「臺灣人第一次的 '國語' 經驗: 析論日治末期的日語運動及其問題」, 『新史學』6-2, 1995.

周婉窈, 「從比較的觀點看臺灣與韓國的皇民化運動(1937-1945)」, 『新史學』5-2, 1994.

中島利郎著, 彭萱譯, 「日治時期臺灣研究的問題點」, 『文藝臺灣』46, 2003.

陳培豊, 「重新解析殖民地臺灣的國語 '同化' 教育政策: 以日本的近代思想史爲座標」, 『臺灣史研究』7-2, 2000.

何義麟, 「'國語' 轉換過程中臺灣人族群特質之政治化」, 若林正丈·吳密察主編, 『臺灣重層近代化論文集』, 臺北, 播種者文化有限公司, 2000.

許雪姬, 「臺灣光復初期的語文問題：以二二八前後爲例」, 『史聯雜誌』19, 1991.

許佩賢, 「臺灣近代學校的誕生 –日治初期國語傳習所的成立」, 『臺灣社會文化變遷學術研討會論文集』, 國立臺灣師範大學, 2000.

許佩賢, 「殖民地臺灣的近代學校 –其實像與虛像」, 若林正丈·吳密察主編, 『跨界的臺灣史研究: 與東亞史的交錯』, 臺北, 播種者文化有限公司, 2004.

許佩賢, 『殖民地臺灣的近代學校』, 臺北, 遠流出版, 2005.

荊子馨著, 鄭力軒譯, 『成爲日本人: 殖民地臺灣與認同政治』, 臺北, 麥田出版, 2006.

洪惟仁, 「日據時代的臺語教育」, 『臺灣風物』 42-3, 1992.

黃昭堂著, 林偉盛譯, 「殖民地與文化摩擦 - 臺灣同化的糾葛」, 『臺灣風物』 41-3, 1991.

黃昭堂著, 黃英哲譯, 『臺灣總督府』, 臺北, 前衛出版社, 1994.

駒込武, 『植民地帝國日本の文化統合』, 東京, 岩波書店, 1996.

近藤純子, 「戰前臺灣における日本語敎育」, 『講座日本語と日本語敎育15：日本語敎育の歷史』, 明治書院, 1992年.

小澤有作, 「日本植民地敎育政策論：日本語敎育政策を中心にして」, (東京都立大學) 『人文學報』 82, 1971.

日本植民地敎育史研究會, 『植民地敎育史像の再構成』, 東京, 皓星社, 1998.

陳培豊, 『‘同化’ の同床異夢：日本統治下臺灣の 國語敎育史再考』, 東京, 三元社, 2001.

蔡茂豊, 『臺灣における日本語敎育の史的研究：1895-1945』, 臺北, 東吳大學日本文化研究所, 1989.

川村湊, 『海を渡った日本語: 植民地の ‘國語’ の時間』, 靑土社, 1994.

黃振原, 「總督府時代の臺灣の再檢討：證言からみた國語(日本語)敎育」, 『天理臺灣學會年報』 6, 1997.

Chen, Edward I-Te, "Japanese Colonialism in Korea and Formosa ：A Comparison of the Systems of Political Control", *Harvard Journal of Asiatic Studies*, 1970, pp.126-58.

E.Patricia Tsurumi, *Japanese Colonial Education*, Cambridge,Mas s: Harvard University press, 1977.

McNamara, Dennis L. "Comparative Colonial Response: Korea and Taiwan", *Korean Studies*, Vol.10, 1986, pp.54-68.

정복征服의 언어 · 전복顚覆의 언어

식민지 인도의 영어

이옥순

정복征服의 언어 · 전복顚覆의 언어
– 식민지 인도의 영어

1. 영국 식민주의와 언어

인도가 영국의 식민통치에서 해방된 지 60주년이 되었다. 그러나 전 지배자의 언어인 영어는 아직도 인도에 생생하게 살아있다. 영어는 여러 공용어가 공존하는 다언어 사회인 인도에서 힌디어를 보완하는 부副공식어와 나갈랜드와 메갈라야 등 동부지방 일부 주州의 공식어로 중요성을 유지하고 있으며, 행정과 경제를 접합하는 기능과 보다 넓은 소통어로서도 작동되고 있다. 영어로 수업을 하는 학교와 대학은 높은 인기를 누리고, 영어권으로 유학하는 인도인 학생의 수도 나날이 증가하고 있다.

영어를 사용하는 인도인이 증가하는 현상은 영어에 대해 오늘날 인도인이 가진 높은 관심을 보여주며, 영어가 인도에서 누리는 상당한 특권을 알려준다. 일부 학자들은 이를 두고 식민주의의 유산이라거나, 식민통치에 대한 종속화가 해방된 땅에서도 지속되는 신식민주의적 현상이라고 비판한다. 반면에 이러한 비판을 비판하며 오늘날 인도에서 영어의 존속을 전지구적 시대에 인도인이 선택한 능동적·실용적 생존전략으로 보아야 한다고 주장하는 학자도 있다. 어느 쪽이 옳은 것인가?

이 글에서는 영국의 식민지 인도에서 통치 주요 수단으로 기능한 영어의 긴 이력履歷을 추적하고 분석하여 첫 번째 주장의 타당성을 추적한다. 넓게는 안토니오 그람시가 말한 권력과 문화의 관계를 염두에 두고, 넓은 식민지 인도에서 극소수에 불과한 영국 지배자가 영어를 매개로 제국주의적 권력을 투사하고 식민지 인도인의 굴종과 동화를 확실하게 하려고 경주한 방식을 검정한다.[1] 이러한 분석은 언어를 이용한 식민지배자의 권력 행사와 식민지 엘리트의 종속화라는 견지에서 유용한 접근방식이 될 것이다.

인도에서 영국의 식민주의와 영어의 상관관계는 권력과 차별의 정치와 연계된 정신적 지배, 식민화의 다른 이름이었다. 영어교육과 영어에 관련된 영국의 식민정책은 강제력을 쓰기 보다, 눈에 보이지 않는 권위 – 이를테면 인도주의적 프로그램인 문명화의 사명 – 로 위장하여 사회적 통제의 청사진을 만드는 수단으로 이용되었다. 식민지배자의 언어를 가르침으로써 식민지인을 그들의 사회와 전통으로부터 소외시키고 식민지배자의 문화구조로 흡수하고 동화하려던 목표는 "일단 전함과 외교관을 보낸 뒤에 영어교사를 보낸다."라는 익명의 영국인 국제기관 책임자의 말에서 명확하게 드러난다.

사실 인도에서의 영국 식민주의 성공은 오직 군사력만으로 설명할 수 없다. 수많은 연구에서 드러나듯 인도에서 영국의 존재는 물리적으로 강하지 못했다. 영국에서 식민통치에 필요한 다량의 인적자원을 모집해 인도로 데려오는 것은 어렵고 비용이 많이 들었다. 게다가 인도에 온 소수의 영국인은 인종적·문화적으로, 종교적으로도 낯선 광대한 지역과 엄청난 인구를 통치해야 했다. 소수의 영국인 지배자는 그들이 모든 면에서 식민지인과 다르다는 것을 절감했다. 식민지 인도는 영국보다 큰 영토와 인구를 가졌고 여러 인종과 카스트, 종교가 공존하는 복합적 사회였다.

먼 이방에서 온 소수의 지배자가 수억의 피지배자를 통치하려면 자신의 물리적(수적) 취약성을 인지하는 동시에 피지배자인 인도인의 도전에 대응할 수 있도록 엘리트들을 심리적으로 세뇌하고 문화적으로 유인하며 정신적으로 통제하는 수단이 필요했다. 이를 위해 영국의 문화적 업적과 우수성, 효율성을 인식·선호하게 하여 피지배자들이 "비참하게 타락하고 열등한 인종"임을 확인시켜야 했다.

식민지에 영어와 서구교육을 도입한 방어적 통제기제의 생성도 그 중 하나였다. 그 본질은 영국에 인도를 동화시켜 '동양에 거주하는 검은 피부의 영국인'을 만들겠다는 것이었다. 영국 방식의 지주제, 토지의 사유재산권, 서양의 법률체제가 보증하는 새로운 토지제도를 도입하고 새로운 법률제도와 서양의 가치체계를 소개한 것도 그 때문이었다. 산 아내가 죽은 남편과 함께 화장되는 사티sati, 여아 살해, 인간의 희생, 노약자에 대한 고려장, 홀어미에 대한 박해 등 근대 서구의 인도주의적人道主義的 가치와 충돌하는 인도의 각종 사회관습 개혁도 영어교육의 실시와 함께 추진되었다.

다른 한편으로 이 연구는 식민통치자의 힘에 초점을 둔 위로부터의 일방적 관점을 넘어서 피지배자가 지배자의 헤게모니와 권력 행사에 어떻게 저항하고 순응했는지를 분석하는 아래로부터의 연구라는 측면에서도 유용하다. 이는 식민지배자의 언어를 통한 지배 – 인도 심리학자 아시스 난디가 말한 제2식민화 – 의 효과적 수단에 대응한 피지배자이자 희생자인 인도인의 다양한 방식을 포함한다.[2] 언어란 진공 속에 존재하지 않고 시대와 밀접하게 연결되게 마련이다.

식민주의와 식민지의 문명화는 배리背理의 관계, '이루어질 수 없는 꿈'이다. 문명화한 식민지인은 필연적으로 종속과 지배가 목적인 식민주의에 반발하고 도전하기 때문이다.[3] 따라서 두 번째 주장과 연계된 관점은 영국의 지배를 받은 인도인을 식민통치의 말없는 수동적 희생자로서 파악하지 않고, 영국 지배자가 부과한 제국의 언어, 정복의 언어인 영어를 수용하고 사용하여 반식민적 민족주의 – 곧 제국을 전복하는 언어로 이용한 과정을 추적하여 기존의 지배자중심, 유럽중심의 연구를 보완할 수 있다.

영국의 식민통치가 2세기에 걸친 장기간인 만큼 인도에서 지배자의 언어가 수반한 영향과 결과에 대한 연구는 그동안 많이 나왔다. 문제는 지배자의 관점에서 배태된 연구는 식민지 엘리트의 제국에 대한 종속화를 다룬 주제처럼 식민주의의 체계화와 성공을 과장하는 경향을 보인다는 점이다. 식민정책이 아무 논쟁없이 위로부터 일방적으로, 성공적으로 시행되었다고 전제하는 연구들은 인도인을 문화적 정복의 수동적 대상과 희생자로서만 파악한다. 예를 들면 *Masks of Conquest*이라는 책을 쓴 비스와나탄은 영국 지배자가 인도인에게 영문학을 가르친 동기를 서구의 문화적 헤게모니를 유지하기 위한 수단으로 비판하며 통찰력을 드러내지만, 피지배자인 인도인이 '정복의 가면'인 영어교육과 문학교육에 어떻게 반응했는지에 대해서는 관심을 보이지 않는다.[4] 곧 인도라는 무대에 인도인이라는 배우는 등장하지 않는 셈이다.

또 다른 문제는 일부 연구들이 식민주의와 그 지배자를 위한 변명을 해준다는 점이다. 오래 전에 출판되어 널리 읽힌 *English Education and the Origin of Indian Nationalism*은 인도에서 민족주의의 성장이 영어를 매개로 서구사상을 공부한 인도 엘리트에 의해 시작되었음을 알려준다.[5] 영어로 서구 자유주의적 교육을 받은 인도인이 식민정부의 권위에 의문을 가지고 결국 그 정권을 전복했다고 보는 것이다. 그러나 영국 지배자가 강제한 영어교육이 어떻게 식민지의 엘리트에게 그러한 반응을 야기했는지에 대해서는 별다른 설명이 없어 아쉽다. 영어가 매개인 영국의 식민정책이 인도에 준 영향과 결과를 잘 알려주는 그의 연구는 식민정부가 추진한 영어교육의 순수하지 않은 의도에 대해서는 침묵하여 또 다른 측면에서 위로부터 추진된 일방적 연구의 한계를 드러낸다.

식민지 인도에서의 영어의 존재를 연구하는 언어학자들은 대개 기술적記述的으로 접근하고, 가치판단과 역사적 맥락을 배제하는 경향을 띤다. 반면 사회·정치적 관점에서 이루어진 연구들은 영어를 식민주의, 권력, 차별화, 이용, 착취와 관련짓는다. 관점은 상이하지만 이들 연구 모두는 식민정부의 공식문서에만 의존하는 약점을 가지고 있다. 이러한 아류의 연구는 권력과 헤게모니 행사와 같은 위로부터의 연구에는 타당하지만, 식민정책과 통치술의 성공을 과장하는 위험성을 내포한다. 정치적 결정론의 함정에 빠지기 쉬운 이들 연구는 식민권력에 대한 피지배자의 반응에 침묵한다.

이 글은 영국이 영어를 매개로 제국주의적 권력을 투사하고 식민지 인도인의 굴종을 확실하게 하기 위해 어떤 노력을 경주했는지 살펴보는 동시에, 인도인이 이에 순응하고 저항한 다채로운 과정과 영어의 인도화印度化 등의 아래로부터의 전략과 '인도인의 목소리'를 추적하는 이른바 포스트콜로니얼 연구를 병행하여 이러한 약점을 보완한다. 식민지배자의 헤게모니와 식민지 엘리트의 종속화라는 이분법적이며 일직선적인 위로부터의 연구를 넘어서, 인도인을 식민지의 변방에 선 희생자로만 여기지 않고 정복자의 언어를 반식민적 민족주의의 매개로 이용한 주연배우로 이동하여 지배자와 피지배자의 상호작용을 살피는 것이다.

2. 정복의 언어

인도에 영국이 첫발을 디딘 시점은 1612년이었다. 주로 인도의 특산물을 유럽에 판매하여 이익을 얻던 영국의 동인도회사는 1639년 남동해안 마드라스에 무역사무소를 추가 설립했고, 1600년대 후반에는 봄베이와 캘커타에 새로운 무역사무소를 열었다. 1700년대 중반까지 무역에만 종사하던 동인도회사는 상업적 이익을 지키기 위해 인도의 정치상황에 개입하였다. 1757년 우세한 화력과 잘 훈련된 군인을 바탕으로 동부 캘커타에 인도에서의 첫 정치적 근거지를 마련했다.

광대한 인도에서 자신들이 소수라는 물리적 한계를 잘 알았던 초기의 영국은 인도인의 저항을 야기하지 않도록 조심했다. 인도인의 협력을 얻기 위해 인도 문화를 인정하고 지배층과 친밀하게 지냈다. 그래서 헤이스팅스 총독William Hastings(1772~1785)은 산스크리트와 페르시아어 같은 인도 언어와 문학을 배우고 기존의 종교와 제도를 장려하며 힌두와 무슬림 엘리트들을 후원하였다. 또한 무슬림과 힌두 엘리트의 자제를 위한 전통적인 고등교육기관을 정부 부담으로 설립했다.

산스크리트, 문학, 역사, 철학 등 인도학Indology을 광범위하게 연구한 식민정부의 관리 윌리엄 존스William Jones(1746~94), 「산스크리트 문법」과 「베다에 관한 에세이」를 쓴 헨리 콜브루크 Henry Thomas Colbrook(1765~1837)는 모두 헤이스팅스 총독의 후원을 받으며 인도의 고전을 연구했다. 인도 관리가 될 영국인에게 '더 잘 지배하는 법'을 가르치기 위해 세워진 캘커타의 포트윌리엄 대학, 영국에 세워진 헤일리버리 대학Haileybury College에서도 인도사, 인도법, 인도 언어를 가르치며 인도를 이해하는데 힘썼다.

19세기 초반까지 영국은 경제적 이익의 추구에만 몰두했을 뿐, 식민지 인도인에 대한 교육을 염두에 두지 않았다. 식민지인을 문명개화하는 '짐'을 자주 천명하면서도, 실상 식민정부는 많은 비용이 들어가는 교육 투자에 인색했고 영어를 가르치는 데도 관심이 없었다. 이 무렵 인도인을 위한 교육은 주로 기독교 선교단체들이 담당했으나, 선교가 목적인 이들과 인도 세력의 갈등으로 야기될 위험을 간파한 영국 지배자는 오히려 선교사들을 한동안 인도에서 추방할 정도였다.

인도에 영국식 교육이 공식적으로 채택된 것은 19세기 초반이었다. 1818년 한때 무굴 제국의 후계를 자처할 정도로 강성한 제국을 형성하고 영국을 위협하던 마라타 세력은 분열과 쇠락을 거듭하다가 막을 내렸고, 마라타의 영토인 광대한 중서부 지방이 영국 영토에 편입되었다. 펀자브를 제외한 인도 전역이 태산이 된 영국의 그늘 아래에 들어선 것이다. 인도에서 영국에게 도전할 수 있는 세력은 더 이상 없었고, 영국은 그제서야 본격적인 식민화작업에 착수하였다.

영국의 인도 통치가 안정기에 접어들자 한편에서는 "유럽도서관에 있는 한 서가의 책이 인도와 아랍에 있는 전체 문학보다 더 가치가 있다"는 문화적 우월감이 나타났다. 1813년 식민정부는 연간 10

만루피를 "문학을 부흥·증진하고 인도 지식인을 장려"하는데 쓰도록 규정했다. 1833년에는 그 액수가 10배로 늘어났다. 돈의 사용처를 두고 벌어진 논쟁에서 영어와 서구교육 실시를 강력하게 주장한 매콜리는 "영어로 교육을 받은 힌두들은 그 누구도 자신의 종교를 신실하게 지키지 못할 것이다. … 우리의 교육계획이 실천에 옮겨지고 30년이 지나면 벵골인 중에서 단 한 명의 우상숭배자도 찾아볼 수 없을 것"이라며 동화의 가능성을 확신했다.

일부에서는 산스크리트, 페르시아어, 아랍어 등 고전어 교육에 돈을 써야한다고 주장했지만, 일부는 영어로 서구교육을 실시하자고 주장했다. 영국에서 오랫동안 계속되었던 여러 학파들의 논쟁은 영어의 승리로 막을 내렸다.[6] 1835년 영어는 페르시아어를 대신해 영국령 인도의 공식어로 인정되고 영어를 통한 권력의 행사가 시작되었다. 매콜리Thomas Babington Macaulay의 유명한 '교육에 관한 각서'와 함께 인도에 뿌리를 내리게 된 영어를 매개로 하는 새로운 교육은 1837년 영어가 페르시아어를 대신해 영국령 인도의 공식어가 됨으로서 더욱 활기를 띠었다.

인도 사회를 지배하려는 통치자의 욕망은 영어를 유용한 배움이 되도록, 헤게모니적 영향력을 갖도록 이끌었다. 벤팅크George Bentinck 총독은 "이제부터 인도에 있는 영국 정부의 목표는 인도인에게 유럽의 문학과 과학을 널리 전파하는 것"이라고 선언했다.[7] 벤팅크 총독, 「인도사 *History of India*」를 쓴 동인도회사 관리 제임스 밀James Mill은 진보를 신봉하고 '최대 다수의 최대 행복'을 외친 공리주의자들이었다. 그들은 인도에 서양 계몽주의와 이성의 씨앗을 심어서 열매를 거둬야 한다 여겼다. 그들은 교육, 특히 영어교육이 인도의 미신과 악습을 제거할 수 있는 만병통치약이며 '모든 발전의 요소'라고 믿었다. 영어교육의 실시와 인도인의 영국화를 설파하여 결국 정책으로 구체화한 식민정부의 고위관리 매콜리는 '문명국과 교역을 하는 것이 야만인을 다스리는 것보다 훨씬 이익이다' 라고 식민지를 우습게 여긴 인물이었으나, 영어교육의 효과는 긍정적으로 전망하였다.[8]

식민지인을 지배국의 언어로 가르쳐야 하는 이유는 매콜리가 영어교육을 받은 인도인이 머지않아 신심이 가득한 '갈색 피부의 기독교인', '갈색 피부의 영국인'이 될 것을 굳게 믿은 데서 드러난다. 그의 말은 영어교육을 받은 인도

19세기 초 최초로 문을 연 프레시던시 대학
훗날 캘커타 대학교의 중심이 되었다

인이 '피와 피부는 인도인이지만, 견해와 감각 그리고 도덕과 지성은 영국인'이 될 것이라는 낙관적 신뢰에 근거했다. 그는 영어교육을 통한 정치적 지배와 경제적 이용의 추구가 용이할 것이라고 믿었다. 통치를 받는 '갈색 피부의 영국인'은 자연스럽게 영국산 상품을 선호할 것이기 때문이었다.

지배국의 문화를 전달하여 인도인을 영국의 문화와 전통에 강제로 순응시키고 동화하려는 이러한 시도는 19세기 초 인도에서 근무한 트레벨랸이 "우리 문학을 통해 우리에게 친숙해진 인도의 젊은이들은 우리를 이방인으로 여기지 않을 것이다."라면서 "총명하고 열성적인 협력자" 양성을 꿈꾸었던 데서도 드러났다.[9] 영어를 배운 인도인들이 "일등급 유럽인이 되자마자 힌두(교도)를 벗어나게 될 것이다"라는 전망도 같은 맥락에서 나왔다.[10]

　　1813년 기독교 선교사들의 인도 입국이 허용되면서 영어가 바탕인 선교교육도 활기를 띠었다. 식민주의 이념과 동일한 궤도를 달리는 기독교 선교단체의 교육은 영국의 가치를 내세우는 문화적 제국주의의 함정에서 자유롭지 못했다. 식민정부의 생존이 자신들의 생존에 필수인 상황에서 선교교육은 "신을 두려워하는 자는 (식민정부의) 권위를 두려워한다."는 지배자의 입장에서 자유롭지 못했다.[11]

　　지리적으로 먼 영국에서 '비싼' 영국인을 무한정 식민지 인도에 데려올 수 없었던 영국 지배자는 식민통치를 돕고 소수의 백인지배자와 다수의 식민지인을 연계하면서 말단행정직을 구성할 영어를 해득하는 '값싼' 인도인이 필요했다. 대체로 인도인의 임금은 영국인의 10%에 불과하였다. 예를 들면 1840년대 공공사업부에 소속된 유럽인 엔지니어의 월급은 250루피Rupees에서 1,000루피인 반면, 인도인 측량사나 현장감독은 25루피에서 145루피로 백인 기술자의 약 10%에 지나지 않았다. 다른 분야 또한 대동소이했다.

　　1835년 영어가 무굴 시대의 페르시아어를 대신하여 식민정부의 공식어로 채택되었고, 1844년 지배자와 소통이 가능한 영어를 아는 인도인이 관직 임용에 우선권을 얻는다는 식민정부의 발표는 인도인으로 하여금 영어를 배우도록 강력하게 유인했다. '인도 교육의 마그나 카르타'라고 불리는 1854년에 발표된 찰스 우드의 「교육에 관한 공문서Charles Wood's Despatch」는 인도를 '영국의 원자재 공급지와 영국상품의 소비시장'으로 만들고, 인도를 통치하는 '동인도회사에 능력있고 믿을 수 있는 행정직을 공급'한다는 내용을 담았다.

> 이 지식이 인도인에게 노동과 자본의 고용이라는 놀라운 결과를 가르치고, 우리를 모방해서 광대한 이 나라의 자원을 개발하도록 자극하며, 그 노력을 이끌어서 점진적으로 부와 상업이 건강하게 수반되

는 모든 이점이 그들에게 주어지도록 할 것이다.…

곧 영어는 인도의 각 지역 언어와 산스크리트와 같은 고전어를 누르고 식민지 공적 영역의 중심이 되면서 식민통치의 상징이 되었다. 1857년 봄베이, 캘커타, 마드라스 등 3개의 주요지역에 런던대학교를 모델로 삼은 대학교가 설립되고 영어가 대학과 엘리트의 언어로 굳어지면서, 각 지역어와 고전어만 아는 사람들은 자국에서 영어를 해득하는 계층의 하층민subaltern이 되었다. 인도 언어들도 영어보다 열등하다고 여겨지기 시작했다.

1858년 동인도회사의 식민통치는 끝이 나고, 인도는 영국 빅토리아 여왕이 관장하는 직접적 통치하에 들어갔다. 영국은 이제 본국 인구의 열 배가 넘고 유럽의 면적과 비슷한 크기를 가진 인도제국의 지배자였다. 식민지 인도는 단순히 영국의 무역 확대나 상업적 이익을 보호하는 차원이 아닌 수많은 본국의 기득권과 연결되었다. 인도는 관리를 비롯하여 엄청난 고용의 기회를 제공하였으며, 중국과 중동 등에서 전개된 제국주의적 침략에 필요한 군대의 공급원이었다. 이때부터 인도에서 영어교육은 한층 더 중요성을 띠게 되었다.

인도제국의 황제를 겸한 빅토리아 여왕은 '임무를 수행할 수 있는 교육과 능력 그리고 고결성을 갖춘 나의 백성은 누구라도 신앙과 인종에 관계없이 우리 관직에 자유롭게 차별없이 고용될 것이다.' 라고 천명하여 인도인의 동화를 추진했다. 인도에서 소수에 불과한 영국인은 영어를 배우고 영국 문화에 동화된 인도인 엘리트에게 고위직을 제외한 말단 관직과 같은 많은 분야의 참여를 수용했다. 1857~82년 캘커타대학교를 졸업한 학생 중 1/3이 정부의 여러 부처에 근무하였다.

영국은 영어교육과 영문서적을 통한 인도인의 동화에 만족하지 않고 인도의 고전어인 산스크리트를 연구하여 식민주의 목표에 부합하도록 인도의 제도와 전통을 평가 절하하는 정치작업도 병행하였다. 곧 지배하는 영국은 지배를 받는 인도가 우수한 문명을 가졌다는 사실을 부정해야 할 정치적 필요성을 가졌다. 영국의 전초기지 벵골 지방에서 활약한 선교사 윌리엄 캐리William Carey는 "그들을 속이기 위해 우리가 그 주제에 대해 더 우수한 지식을 갖고 있다고 믿게 해야 한다. 이러한 상황에서 산스크리트를 배우는 것은 가치가 있다." 라면서 산스크리트어와 문학을 연구하여 인도의 역사와 문화를 식민주의의 필요에 맞게 저평가 하였다.[12]

산스크리트를 연구한 학자이자 식민정부의 관리인 윌리엄 존스는 유럽과 아리아인의 후예라는 공통점을 가진 힌두 사회가 수세기 동안 정체되었고, 지적 논쟁이나 기술개혁이 없는 불변의 인도였다고 주장했다. 오늘날에도 신화로 남은 후진적이고 몽매하며 우상을 숭배하는 미신적인 인도인의 이미지는 산스크리트어와 그 문학을 연구한 이 시대 인도학 학자들의 헤게모니적 시선의 소산이다. 그들은 인도를 역사없는 무시간적 공간으로 간주했고, 고대의 영광에서 퇴락한 인종과 낙후한 사회라고 주장했다. 레너드 울프의 소설에서 엿보이듯이, 그렇게 하여 영국 지배자의 언어와 문화는 인도의 문화와 언어보다 우수한 것이 되었다.[13]

> 이 3억의 인도인이 열등한 민족이고 우리는 우수한 인종이라고 말하는 것은 아주 흥미있는 일이었지요. 그는 인도인이 우리가 거의 꼭대기에 도달한 그 사다리의 맨 아래 단계에서 웬일인지 멈추었고, 그 상황에서 수백 년, 수천 년 머물러 있다고 말했습니다. 그러나 우리가 그들의 손을 잡아서 우리의 수준까지 이끄는 데는 그다지 시간이 많이 걸리지 않는다는 것이었습니다. 그들이 우리의 열등한 형제라

는 것을 알려주고 그들의 미신과 그릇된 신앙을 버려야 한다고 주장하며, 이성·교육·과학·본보기를 통해 그것을 이룰 수 있다는 주장이었습니다.

영어와 서구를 가르치는 중등학교와 대학의 설립이 줄을 이었다. 기존의 교육기관은 영어를 가르치기 위해 개편되었고, 유럽과 영국의 역사를 가르치고 서양 정치이론을 소개했다. 영어교육은 식민통치를 이해하고 충성을 바칠 인재들

1898년의 봄베이 대학교

을 창출하기 위해 물질적 진보와 정치적 진보, 도덕적 진보를 칭송했다. 영어를 가르치는 학교와 대학에 들어간 인도 젊은이들은 점차 영국에 동화하였다. 영어와 서구교육을 받은 엘리트들은 1857년 세포이항쟁에 가담하지 않고 식민정부를 편들었다. 영어를 배운 그들은 기득권이 걸린 식민체제를 지지하였다.

영국이 인도 왕족을 위해 세운 Mayo 대학의 학생들

1857년 인도인의 거센 저항을 받고 수세에 몰린 영국을 지지했던 인도 여러 왕국의 지배자들 역시 영어를 통해 지배자에 대한 충성심을 배양했다. "영어교육을 받은 것이 동양인의 복잡한 맘을 이해하기 어렵게 만든다."고 고백한 파타우디 왕국의 지배자를 비롯한 많은 왕국의 지배자들은 영어를 배우고 영국식 매너와 관습을 익

힌 뒤 영국인처럼 살았다. 크리켓 선수인 나와나가르의 왕은 자신의 왕국보다 영국에서 더 많은 시간을 보냈고, 푸두코타이 왕은 "완전히 유럽인의 취향을 가진 유색인 유럽 신사"라는 평을 들을 정도로 서구화되었다.[14]

식민정부의 인프라가 된 영어를 해득하는 인도 엘리트들은 영국을 흠모하면서 서구의 진보와 근대성을 배웠다. '근대 인도의 아버지'라고 불린 람 모훈 로이Ram Mohun Roy(1772~1833)는 이 시대의 대표적인 엘리트였다. 서구학문을 배우고 영어에 능통해 오랫동안 식민정부에 근무하며 지배자와 접촉했던 로이는 유럽의 합리주의자처럼 신을 '전지전능한 우주의 초월자'로서 인식하였다.[15] '최대다수의 최대행복'을 외친 영국의 공리주의자 벤담은 '람 모훈 로이는 3천 5백만의 힌두 신을 버리고 종교 분야에서 우리의 이성을 받아들였다'라고 기뻐했다.

'갈색 피부를 가진 영국인'을 만들기 위해 인도에서는 영국 대학에 영문학이 등장하기 훨씬 이전부터 영문학이 학교와 대학 학과목으로 채택되었다. 1870년대까지 영국의 대학은 그리스와 라틴문학을 가르쳤으나, 인도에서는 초기부터 셰익스피어와 초서 등 영문학이 주요 과목이었다.[16] 이는 영어교육이 단순한 언어교육이 아니라 문화교육이었음을 알려준다. 즉 "부도덕하고 선정적인 힌두 문학"에서 해방하여 "순수하고 깨끗한 영문학으로 대체"하려는 의도, 지배자의 문화에 인도인을 동화시켜 자기문화로부터 소외시키려는 의도였다.[17] 그러므로 인도인의 동화를 추진하기 위해 영어로 된 읽을거리가 필요했고 많은 영문서적(역사, 문법, 교과서, 시, 소설, 자서전 등)이 인도에 유입되었다. 1850년 148,563 파운드이던 책과 인쇄물의 수입은 1863~64년 313,772 파운드로 크게 늘어났다.[18] 19세기 중후반

인쇄물의 95%가 영국에서 수입되었고, 그 중 80%가 영국의 근거지인 캘커타와 봄베이에 부려졌다. 1846년 *The Calcutta Review*는

자이나교 전통교육을 받는 승려들 근대 이전에는 이런 방식으로 종교교육이 실시되었다.

"우리들의 뛰어난 증기선 덕분에 … 매달 우리 해변에는 출간된 지 채 6주가 되지 않은 새로운 유럽의 문학서들이 도착한다.…" 라고 기록하고 있다. 영문학이 식민지 인도에서 수행한 정치적 기능을 짐작케 하는 대목이다.[19] 그러나 무능한 인도인이 이해하기 어렵다고 여겼기 때문에 인도인에게 허용된 소설은 제한

적이었다.[20] 문명인인 영국인이 읽는 문학이 반未문명인인 식민지 인도인에게 적합하지 않다고 여겼던 것이다. 즉 영국은 동화를 추진하면서도 차별성을 전제하는 이율배반적인 입장을 유지했다.

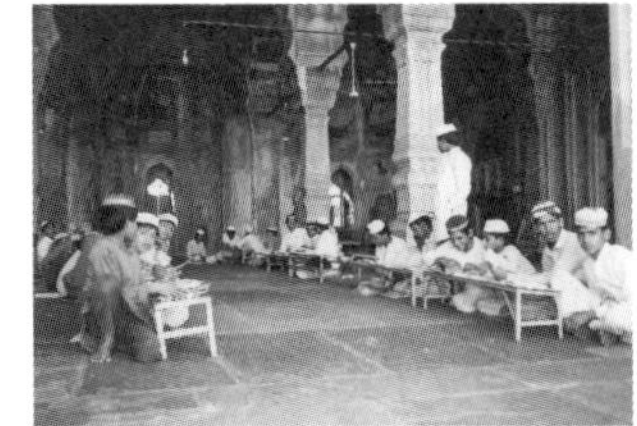
이슬람 학교의 수업(1999) 영어로 수업하지 않는 이들은 사회에서 성공가능성이 낮다

영어가 등장하면서 인도 고전어(산스크리트, 아랍어, 페르시아어)를 가르치던 대학이나 교육기관들이 사라졌고, 인도인은 고전문학과 자기전통으로부터 점차 멀어져 갔다. 영국은 이 정책을 통해 종교적인 인도 문화를 세속적으로 바꾸려고 하였다. 일찍이 1825년 산스크리트와 페르시아어를 가르치던 델리대학을 인수한 식민정부는 영어와 서구학문으로 커리큘럼을 대치했다. 1862년 봄베

고대 불교 대학의 유적지 (사르나트)

이주의 공교육위원회는 표준교과서가 없는 인도의 모든 언어과목을 폐지하도록 제안했고 결국 그렇게 되었다. 20세기에 들어서면 캘커타 대학교를 비롯한 소수의 교육기관에서만 고전어를 가르쳤고 고등교육에서는 영어가 지배적 위치를 차지했다.[21]

인도인 학생들은 식민국의 언어를 배우는데 많은 시간을 소비해야만했다. 영어로 수업하는 남부 마드라스 주의 고등학생들은 주당 9시간이나 영어를 배웠다. 모국어인 타밀어와 인도 고전어의 시간은 각각 5시간으로 영어보다 훨씬 적었으나, 당시 학생들은 3개 언어를 배우는 데 주당 19시간을 들여야 했다. 다른 지역 다른 수준의 인도 학생도 대동소이한 입장이었다.

엘리트를 양성하는 대학은 모두 식민국의 언어로 수업했다. 이슬람 계열 하이데라바드 왕국의 오스마니아Osmania 대학을 제외한 모든 대학은 1947년 독립할 때까지 영어로 서구학문을 강의했다. 식민 정부의 공식어인 영어는 언론과 출판의 언어이자 인문학과 과학 분야의 지식을 전수하는 대학의 주요한 매개수단이었다. 영어의 습득이 사회적 성공여부를 결정하는 상황에서 각 지방의 언어를 배운 학생들과 영어에 접근할 기회가 박탈된 하층민의 자녀들은 결과적으로 사회적 상승이동의 가능성을 원천봉쇄당한 셈이었다.

영국의 통치를 위해 경제와 문화적 질서를 재생산하는데 공모한 영어교육은 곧 인도인에게 기회와 삶을 증진할 유일한 수단으로 여겨졌다. 산업발전이 없는 식민지의 불리한 현실에서 직장을 얻고 이방이 통치하는 공적 영역에서 생존이라는 현실적 목적을 위해 영어를 배우려고 영어를 가르치는 학교와 대학에 들어간 인도인은, 이방의 언어를 배우고 영어로 된 서적을 읽으면서 서구 사상과 가치와 만나게 되었고 일부는 거기에 동화되었다.

3. 성공의 언어

식민주의를 수반한 언어의 성공여부는 식민지인이 부과된 언어의 습득과 그를 통한 지배자의 문화에 충실하게 동화되느냐에 달렸다. 결론적으로 말하면 식민지 인도인은 수동적인 동화의 대상이 아니었다. 그들은 영어를 관직과 부를 가져오는 유익한 매개로 인식했고, 특히 사회적 상승이동과 정치적 영향력을 열망하는 계층과 집단은 영어의 습득과 그 결과인 관직의 임용에 적극적이었다. "지식인은 외국어에는 능통하지만 모국어에는 적대적이다"라는 말이 나올 정도로 일부 인도인들은 열심히 영어를 배웠다.

과학과 기술의 언어이자 근대화와 서구화의 상징으로 간주된 영어로 가르치는 중등학교와 대학들은 빠르게 증가했으나, 산스크리트와 페르시아어 등 고전어나 각 지역어로 가르치는 교육기관이 급속히 줄어든 것은 이 때문이었다. 영국 지배자의 사악한 의도와 더불어 영어의 유용성을 깨달은 인도인의 적극적인 반응의 소산이었던 것이다. 학부모들은 '식민지 사회의 경쟁'에서 살아남을 수 있는 영어를 선호했고 그런 수요자의 요청으로 지역어로 가르치는 지방 초등학교에서조차 영어를 학과목에 포함했으며 때로 영어를 가르치는 학교로 개편되기도 했다.[22]

영어를 가르치지 않고 지역의 언어로 교육하는 전통교육의 쇠퇴는 상당 부분 인도인이 지배자와 나눠질 책임이었다. 그들은 영어를 교수하는 중등학교와 대학에 자식을 보냈고, 문화적·사회적으로 열등하다고 여겨지는 지역 언어로 가르치는 학교에는 관심을 두지 않았다. 다른 영국 식민지처럼 유럽사나 라틴어와 같은 영국식 교과내용은 점차 인도의 과목들로 대치되었다. 식민지인들은 인도에서 '교과목의 인도화'나 인도 언어를 가르치는 학교의 확산이 식민지인과 본국인과의 차별을 고착화하려는 식민국가의 정치적인 술수라고 강력한 반발했다.

역설적이지만 영어교육과 영어의 확산이 수반하는 정치적 위험성을 간파하고 전통교육을 보존하려던 식민정부의 시도와 주장은 물론이고, 인도 각 지역의 언어로 가르치려는 어떠한 움직임도 지배자와 인도인의 차이를 심화하고 인도를 미래와 연결짓지 않으려는 지배자의 사악한 음모로 간주되어 반대 받았다. 인도인은 영국과 대등해지기 위해, 세속적으로 성공하기 위해 영어교육을 선호했다.

영어를 가르치는 학교와 대학은 빠르게 늘어서 1881년에는 영어로 가르치는 중등학교가 2천 개를 돌파했고, 15만 명의 학생이 그곳에서 서양을 만나고 영국 문화를 배웠다. 아담 스미스의 '국부론'과 '자유론'을 배우는 문과대학의 재학생도 5,400명을 넘어섰다. 영국 통치의 중심지인 벵골지방에서 1882~1937년 영어로 가르치는 학교가 617개교에서 1,859개교로 3배 가량 늘어난 반면, 벵골어로 가르치는 학교는 1,065개교에서 54개교로 1/20로 현저히 줄었다.[23] 영국의 세력이 약화되고 인도의 민족운동이 강화된 1920년대 이후에는 그 발전의 파도가 더욱 거셌다. 영어로 가르치는 중학교는 1922년 264,158개교로 전체 학교의 22.7%였으나, 20년 뒤인 1942년에는 658,629개교로 전체의 45.4%에 달했다.[24]

영어로 가르치는 중등학교와 대학은 대개 인도인이 설립한 도시의 사립학교였다. 식민정부는 영어교육에 대한 인도인의 폭발적인 수요에 재정지원을 감당할 수 없게 되자, 1854년 교부금제도grant-in-aid를 도입하여 인도인이 학교를 설립하는 것을 용이하게 만들었다. 교육정책을 기초한 찰스 우드는 식민정부가 영어로 가르치는 고등교육의 재정을 담당하는 것에 반대했다. 그는 "고등교육은 그것을 열망하는 사람들이 주요한 재정적 후원자가 되어야 한다."는 입장으로 식민지에서 많은 이익을 추구하는 식민통치의 속성이 보다 주요한 원인이었다.

영국은 1882년부터 인도에서 아예 교육에 관한 방임주의를 취했다. 식민정부가 학교를 세우는 적극적 책임에서 물러난 결과 1938년에 영어로 가르치는 중등학교의 80%를 인도인이 운영하는 사립학교가 되었다. 1937년 벵골 주에 위치한 고등학교 1,201(전국 3,242의 30%가 넘는)개 가운데 국공립은 겨우 16개였고, 나머지는 모두 사립이었다. 영어로 수업하는 중학교도 비슷한 추세였다.[25] 1920년대 이후 인도인 장관이 각 주정부의 교육부를 책임진 뒤에도 정부의 교육비는 영어로 가르치는 중등학교와 대학에 우선 배정될 정도였다.[26]

이러한 인도인의 반응은 영어가 인도에 도입된 초기부터 나왔다. '근대 인도의 아버지'라고 불리는 벵골인 지식인이자 관리인 람 모훈 로이는 식민정부가 설립한 산스크리트 대학의 커리큘럼에 영어와 서구학문을 포함하자고 주장했다. 산스크리트와 아랍어, 페르시아어에 능통한 그는 전형적인 영국의 식민주의자 매콜리와 다른 관점의 소유자로 '비실용적인' 고전문학 대신 유용한 서구학문을 가르쳐야 한다고 주장했다. 영국 관리들은 그 요구를 묵살했으나 3년 뒤에

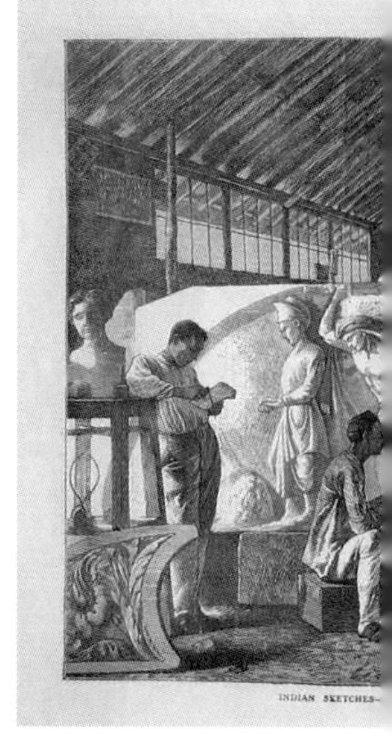

봄베이 한 미술대학의 수업 광경 · 1872년

결국 아래로부터의 요구를 받아들였다.[27] 마드라스에서도 영어로 가르치는 대학의 설립운동에 7만 명이 기꺼이 서명했고, 이러한 분위기는 봄베이지방에서도 마찬가지였다.

영어로 가르치는 학교에 다니는 학생들은 대개 인도 각 사회의 상층카스트와 도시에 거주하는 중간층이었다.[28] 카스트로는 브라만이 선두였고, 북부지방에서는 서기계층인 가야스타 출신도 많은 비율을 차지했다. 1881년 벵골지방 대학생의 84.7%, 봄베이의 78.7%가 상층카스트 출신이었다.[29] 1916~17년 마드라스 주에 소재한 문과대학에 재학하는 학생들의 부모는 지주와 식민정부의 관리들이 각각 43%를 차지했다.[30]

이보다 30년 전인 1883~84년에도 마드라스 대학생의 40.3%는 관직종사자의 자제였다. *English Education and the Origin of Indian Nationalism* 을 저술한 맥컬리의 말을 빌리면, "세련된 대학졸업자나 공직에서 활동하는 인물들의 대다수가 아들의 공부를 위해 돈을 아껴 저축한 사람들"이었다.[31] 초기부터 식민정부가 통제하지 못했던 영어교육은 민족주의 성장과 인도인의 정치적 참여가 확대되면서 더욱 증가하였다.

영어와 고등교육이 물질적 증진과 세속적인 성공의 기반으로 인식되면서 힌두교도보다 후진한 무슬림들도 서구교육에 관심을 기울였다. 이 시대 대표적 무슬림 지도자인 사이드 아마드는 서구교육을 받지 않으면 무슬림이 낙후한 집단이 될 것이라며, 무슬림은 영어교육을 받고 이익집단을 결성하여 증진을 꾀해야 한다고 주장했다. 그가 세운 앵글로-오리엔탈 대학은 후일 파키스탄의 기반이 될 무슬림 엘리트를 양성했다.

물론 영어교육의 빠른 성장은 영어로 실시되는 인문교육을 대체할 과학기술교육의 부재와도 깊은 관련이 있었다. 로크우드 키플링은 「마요 공예학교의 1884~85년 연례보고서」에서 "상층카스트 사람들에게 존재하는 육체노동에 대한 편견은 아직도 우리가 생각하는 것보다 강하다"라고 적어 인도인의 영어와 문과교육에 대한 편견을 비판했다. 영국 지배자들은 인도인이 육체노동과 기술에 대해 편견을 가지고 있어 발전이 느리다고 모든 책임을 인도인에게 전가했으나 사정은 사뭇 달랐다.

벵골주의 대표적 교육기관인 캘커타 대학교의 졸업생을 살펴보자. 1858~1907년 문과 계열 졸업자는 360명에서 5,300여명으로 12배로 증가했으나, 이공계 졸업자는 110여 명에서 1,200여명으로 느는데 그쳤다. 실업계 대학생의 낮은 비율과 증가는 식민정부가 져야할 책임이었다. 기술 인력을 유인하고 흡수할 경제정책의 부재와 산업화되지 않은 전근대적 경제체제가 원인이었다. 1888년 정부는 "산업이 발전되지 않은 인도에서 대규모 기술교육의 실시는 아직은 시기상조"라고 인정하고, 고등기

영어 교육을 받은 무슬림연맹 지도자들

술교육을 받은 인도인은 고용의 기회가 없고 따라서 대학졸업자의 실업문제를 가중시킬 뿐이라고 언급하여 이러한 책임이 식민통치에 내재함을 인정하였다.[32] 인도인 학생들은 그나마 '구직'이 가능한 영어와 인문교육을 선호할 수밖에 없었다.

영어를 배운 인도인은 관직·교사 등의 화이트칼라 직종을 희망했고, 현장직과 노동 등 주어진 식민지인의 삶을 선택하지 않았다. 영어가 노동자나 농민에게 적합한가라는 지배자의 자문은 각 지역의 언어를 통해 초등교육을 강조한 1854년 식민정부의 교육정책에서 이미 드러났다. 영국 지배자는 영어를 배운 소수의 엘리트들이 하층을 동화시키는 역할을 떠맡을 것이라 기대하며영어의 확산을 막으려 했으나 예상은 빗나갔고 영어교육은 가파르게 상승했다.

식민정부와 일부 인도인은 영어로 교수하는 인문교육보다 실업교육의 확대를 주장했다. 그러나 모두 '내 아들이 아닌 다른 사람의 아들'이 그렇게 하여 '관직이나 전문직의 경쟁자가 줄어들 것'을 바랐다.[33] 자식을 학교에 보내는 농촌의 부모도 아들이 '서기'나 교사와 같은 직업을 갖길 희망하였다. 1930년대 간디가 제창하여 도입된 실생활에 근거한 '기초교육Basic Education'은 소득과 사회적 상승이동이 전제되는 성공의 언어-영어로 가르치지 않았기 때문에 환영받지 못했다.

인도인은 대체로 지배자가 부과한 영어를 받아들였다. 그 이유는 무엇보다 영어의 유용성 때문이었다. 식민지라는 특수한 환경에서의 영어 습득을 경제적 반대급부와 사회적 위상을 획득하는 수단으로 간주한 이들은 사회적 배척이나 축출없이 기존의 문화패턴에 영어를 적응시킬 수 있었다. 앞에서 살펴본 대학생의 사회적 배경처럼 영어를 배운 상층은 교육의 기회를 확고하게 장악하고 기득권을 유지, 기존의 위상에 수평적으로 적응했다. 이들 계층은 전통적으로 교육의 기회를 갖지 못한 낮은 계층보다 빠르게 영어의 이점과 유용성을 깨달았다.

영어를 통해 타문화에 노출된 인도인은 영어를 나쁜 것으로 여기거나 이방의 것이라고 증오감을 보이지 않았다. 이국문화의 오랜 연계와 신축적인 문화, 다多언어 병용사회의 특성이 영어의 적극적인 수용과 연결된 것이다. 특히 북부지방의 브라만과 가야스타 같은 상층카스트는 오랫동안 이방에서 온 무슬림의 통치에 참여하였고, 산스크리트와 페르시아어 등 여러 언어를 구사했다. 이러한 전통이 새로운 지배자의 언어를 배우는 상황에 적응하는 이들 계층의 심리적 갈등을 줄여준 것으로 여겨진다. 가장 보수적이고 정통이라고 알려진 남부(마드라스 주)의 브라만이 영어교육과 새로운 직업의 수용에 적극적인 것도 이런 맥락에서였다.

그들에게 영어는 상호소통의 수단이었고 내면이 아닌 외적·이성적 영역의 구성기준에 지나지 않았다. 모든 것은 파생적이고 2차적이며 환幻일 뿐 진정한 자아가 아니라고 간주하는 힌두의 세계관은 바깥-영어-의 침입을 일정하게 제한했다. 이중적·모순적으로 보이지만, 브라만과 기타 상층카스트의 영어에 대한 반응은 생존전략의 하나라는 측면으로 이해할 수 있을 것이다.[34] 그들은 영자신문을 편집하고 재판정에서 판결을 내리고, 식민정부의 하급관리로 봉직하며 학교와 대학에서 가르쳤고 의사와 학자로도 활동하였다. 이러한 활동은 인도인의 내면에 큰 충격을 주지 않는 외적 영역에서 이뤄졌다.

흥미로운 것은 영어를 배우고 서구와 대등함을 주장하는 인도 지식인들이 인도 여성의 영어교육에 반대했다는 점이다. 그들은 인도 여성이 영어교육을 통해 영국화되는 것을 경계했다. '여성이 있어야 할 곳은 가정’, ‘여성의 역할은 가정적인 여성이고 여성의 의무는 현모양처’라면서 인도 여성이 식민주의의 영향력이 미치지 않는 ‘내적 공간’, 즉 이방의 침략에 정복되지 않은 인도의 정신을 지켜야 한다고 여겼다. 강경한 민족주의자 틸라크Bal Gangadhar Tilak의 말을 빌면, 가정은 인도에서 타자에게 정복되지 않은 “자율과 자치가 보존된 유일한 영역”이었다.[35] 인도 여성은 영어보다 모국어를 배우도록 권장되었다. 영어를 배운 여성은 바람직한 인도 여성이 되지 못하고 러브스토리와 낯선 윤리로 가득한 영문소설을 읽는 여성은 인도 여성다운 순수성을 지키지 못할 것이라고 주장되었으나, ‘현모양처보다 서기書記를 길러내는’ 여성교육을 비판한 틸라크의 발언에서 드러나듯이 영어를 배운 여성이 남성의 경쟁이 될 것을 두려워한 남성들의 이기심과 무관하지 않았다. 영어는 여성에게 선택과목이 되었다.

> 오, 동양은 동양이고 서양은 서양이니
> 그 둘은 결코 서로 만날 수 없네
> 땅과 하늘이 신의 심판대에 설 때까지

인도인에게 성공의 언어가 된 정복의 언어 영어는 키플링Rudyard Kipling의 시구처럼 차별을 실천하던 백인 지배자에게 딜레마를 제공했다. 영국의 문화적 지배를 강화하고 인도인의 종속성을 강조하려던 언어정책은 부메랑이 되어 돌아왔다. 식민당국은 영어를 잘하는 ‘갈색 피부의 영국신사’가 늘어가자 정치적 위기감을 느꼈다. 인도인은 영어를 수동적으로 받아들이지 않았고, 키플링이 ‘검은 원숭이’라고 경멸할 정도로 빠르게 적극적으로 배우고 익혔다. 그리고 영어와 교육을 바탕으로 백인 지배자와 대등한 위상과 권리를 요구했다.

인도제국을 겸임한 영국 여왕은 '임무를 수행할 수 있는 교육과 능력, 고결성을 갖춘 나의 백성은 누구라도 신앙과 인종에 관계없이 우리 관직에 자유롭게 차별없이 고용할 것'이라고 선언했으나, 한 인도 총독이 '제국을 유지하기 위해서는 이 광대한 제국의 정부를 유럽인의 손에 두는 것이 절대적으로 필요'하다고 고백할 정도로 인도인의 영국화를 경계했다. 영어를 잘 아는 인도인을 영국인과 대등하게 대하는 것은 정치적으로 위험한 일이었다.

그러나 대학을 나오고 영어를 유창하게 하는 인도인도 성공하기 어려웠다. 인도인들은 일자리를 찾지 못해 거리를 헤매는 사람이 많아지자 기회의 문을 전면적으로 개방하라고 요구했지만, 영국은 영어를 배우고 영국 문화에 물든 인도인과 기득권을 나눌 태세가 아니었다. 인도 웅변가 나오로지Dadabhoy Naorojee는 "매년 대학문을 나서는 수천 명의 졸업자가 기이한 상황에 처한다. 모국에 그들의 일자리가 없는 것이다. (그들은) 거리에서 구걸을 하거나 돌을 깨야 한다. 유럽인은 여기를 떠나서 자기들의 나라로 돌아가야 한다 ….'라고 목소리를 높

1880년대 초 지식인들의 모임 (봄베이)

였다.

영국은 동화의 수단인 영어의 부메랑을 감지했다. "개화시키고 자유의 이점과 유럽과학의 이용을 가르친 뒤에 어떻게 우리에게 종속시킨다는 말인가? 어떻게 우리가 고위직을 독점하는 것을 설득할 수 있겠는가?" 일찍이 1859년 식민정부의 고위관리 리얄Durand Riyal은 이렇게 토로했다. '대학 졸업식에서 상을 받은 젊은이들이 봉급이 적은 자리에 구직서류를 접수하거나 구걸하듯이 일자리를 찾아 헤매는 것을 보면 정말 가슴이 아프다.'라고. 이처럼 동화와 차별은 공존이 어려웠다.

19세기 후반이 되자 영국은 영어로 가르치는 고등교육의 확대에 공식적으로 경계를 드러냈다. 랜스도운 총독Lansdowne(1888-94)은 "현재와 같은 속도로 학교와 대학이 늘어난다면 우리는 현재보다 더 많은 불평을 듣게 될 것이다"라고 영어교육의 반동을 우려했다.[36] 인도 대학의 통제와 감독에 적극적으로 나서 많은 반감을 산 커즌 총독 Curzon(1899-1904)은 인도에서의 "엘리트를 위한 영어교육 실험은 실패"했다고 자인하였다.[37] 영국은 문명화의 사명으로 위장한 동화정책에 대해 재고했지만 때는 이미 늦었다. 인도인은 차별의 정치를 계속하는 영국을 압박하며 영어로 저항을 시작했다.

4. 전복의 언어

제국의 언어인 영어를 배운 인도인은 한동안 정체성의 혼란을 겪었다. 노벨문학상을 받은 타고르Rabindranath Tagore가 1870년대를 회상하면서 "우리들의 정신은 유아시절부터 영문학으로 구성되었다."고 말한 것은 이런 맥락이었다.[38] 영어를 배운 인도인은 지배자의 문화와 가치를 우수한 것으로 인정하고 받아들이면서 미래와 실용성·우월성과 연계되지 않는 자신들의 과거와 언어를 가치없는 것으로 폄하하였다. 영국신사처럼 양복을 입고 영어에 능통한 그들은 영어가 야만에서 문명으로 나아가는 지름길이자 선진의 과학기술을 받아들이는 유용한 창구라고 여겼다.

1940년의 타고르와 간디

    1902년 벵골지방 한 도서관의 기록은 인도인이 대출한 도서의 74%가 영문소설이었음을 보여준다.[39] 영문학을 읽으며 성장한 일부 인도인은 "영국의 소설이 우리 언어로 씌어진 소설보다 훨씬 더 낫다"고 여기면서 영어를 제국적인 의식과 근대성의 횃불로 간주했다.[40] 이러한 논리는 식민정부의 고위관료 매콜리의 "유럽 도서관에 있는 한 서가의 책이 인도와 아랍에 존재하는 모든 문학을 합친 것보다 더 훌륭하다."라는 오만한 표현과 별반 다르지 않았다.

1884년 캘커타에서 발간된 한 힌두 주간지는 수억의 인도인이 소수 영국인에게 영토를 내주고 지배를 받게 된 패배의 원인을 '영국인이 도덕적 힘을 가진 반면에 힌두(교도)는 그렇지 못하기 때문'이라고 인도의 열등함에서 찾았다.[41] "연약한 인종이 유럽인의 냄새를 맡고 시들기 시작했다."라는 한 인도인의 자조적 표현도 영어를 앞세운 영국 지배자의 식민화가 일정 부분 성공했음을 알려준다. 그것은 인도가 문화적으로 서구에 패배했다는 시인이었다.

그래서 19세기 후반 인도 개혁가들이 추구한 사회개혁의 모델은 영국 지배자가 '비난'한 인도였다. 사티, 여아 살해, 여아 결혼, 과부의 재가금지, 일부다처제 등 영국이 '힌두 문명의 적'이라고 규정한 그 영역에서 교육받은 인도인은 지배자의 공격과 비난을 잠재우기 위해 인도 '발전의 노정에 주요한 장애물'인 나쁜 관습의 개혁을 주장했다. 그들이 추구하고 따라야 할 대상은 영국이 정의한 인도, 식민정부가 추진한 개혁된 인도 사회였다.

영어로 서구의 근대를 배운 그들은 모국어에서 소외되고 식민지배자가 소지한 개화와 진보, 근대성을 선망했다. '갈색 피부의 나라'라는 뜻의 바부Babu라고 불린 그들은 식민정부의 말단을 구성하거나 변호사와 의사, 교사 등 전문직업인으로 활동했다. 영국이 부과한 식민화에 동조한 그들은 영국의 식민통치에 기득권이 있었기에 한동안 식민정부에 동화하고 협력하였다.

흥미롭게도 지배자의 헤게모니를 강화하고 인도인을 종속화한 영어가 곧 식민통치를 축출하는 수단, 민족주의의 가면으로 작동했다. 영어로 말하고 영어로 생각하고 식민정부에 종사하며 그 체제에 종속된 배운 인도인들은, 우선 선진적이고 과학적인 지배자를 선망하고 닮기 위해 서구를 기준으로 인도 사회의 개혁과 변화를 추구하였다. 이념이나 열망이 비슷한 이들은 서구를 선망하면서 다른 쪽으로 자기 사회를 검정했다. 선진문명의 지배자를 흠모하는 동시에 자기 사회의 부정적인 관습과 제도를 제거하기 위해 사회개혁과 힌두교의 변화와 부흥을 추구한 사람들, 19세기 후반에 등장한 이들 개혁가와 민족주의자의 언어는 모두 영어였다.

영국 지배자가 의도한 대로 영국을 닮아간, 동양과 서양의 경계에 선 일부 인도 지식인들은 서구를 받아들이고 서구와 닮은 인도를 상상하였다. 그들은 서구의 과학기술을 근대화와 진보의 상징이자 식민통치를 받는 인도의 모든 악을 해결해 줄 '만병통치약으로 여기고 적극적으로 수용하였다. 과학기술의 유용성을 확인한 인도 국민회의는 1877년 연례회의에서 "인도인의 빈곤을 고려할 때 정부가 정교한 기술교육을 할 때…"라는 결의안을 채택하고, 해마다 과학기술교육의 필요성을 언급을 통해 영국을 압박하며 이들 계층의 전복적인 힘을 과시하였다.

이 무렵 미국과 유럽 등 서구를 여행하며 영어로 힌두교를 널리 알린 비베카난다Swami Vivekananda는 남성답고 호전적인 영국인의 남성성을 인도 전통에서 찾아 크샤트리아를 칭송하였다.[42] 일련의 힌두교 개혁운동과 부흥운동도 힌두교를 기독교와 이슬람교 등 셈족의 종교처럼 강하고 공격적이며 남성다운 종교로 고쳐 쓰려는 노력이었다. 힌두교 개혁운동이 잘 짜인 교회와 같은 조직과 유일신, 성서를 갖추고 공격적으로 선교를 실시하여 힌두교로 만들려는 노력이라면, 힌두교의 부흥운동은 인도 고대에 소유했던 힌두교의 남성다운 특질을 되찾으려는 시도였다.

영어와 서구를 아는 그들은 서구의 근대 지식을 인도 전통에 혼합했다. 영국이 자랑하는 과학기술처럼 위생과 의료제도와 연관된 새로운 근대 지식은 인도의 것에 대한 전적인 포기와 연결되지 않았다. 서양의 힘이 과학에 있다고 판단한 민족주의자 다야난다Swami Dayananda가 고대 베다에서 증기엔진과 철도, 증기선, 화학무기의 기초 이론을 찾은 것처럼, 배운 인도인들은 "인도 텍스트에서 근대 과학이론에 해당하는 것을 발굴"하여 다시 서술하는 형태로 민족주의 관점에서 위생정책과 인도인의 삶을 증진하는 프로그램을 개발하였다.[43] 기독교로의 개종과 상관없이 서구 기독교 선교사들의 위생과 관련된 지식과 도움을 받아들이는 방식도 취했다.

이른바 바바Homi Bhabha가 말한 '모방mimicry'과 '혼종hybridity'으로 부를 수 있는 이들의 정체성은 식민지배자가 창출한 종속성을 받아들이고 식민통치를 인정했지만, 바로 그 지점은 식민통치와 영국 지배자에게 등을 돌리는 축이 되었다.[44] 영어를 배우고 모국어로 사고하는 인도 지식인의 혼합적 정체성이 정치적 전복의 전략을 짤 수 있는 저항의 공간이 된 것이다.

서구교육을 받았으나 전통을 껴안은 이 시대 엘리트들의 정체성은 대표적인 해방운동의 지도자 간디M. K. Gandhi의 고백에서 드러난다. "나는 동양과 서양의 이상한 혼합체가 되었다. 내 사고방식이나 삶에 대한 접근방식은 동양적이라기보다 서양적이다. … 그러나 여러 면에서 나는 인도인이다. 나는 과거의 유산도 최근에 얻은 것도 버릴 수가 없다. 양자는 모두 내 일부이다."[45]

양가적 정체성을 가진 지식인들은 영어를 바탕으로 직업을 얻고 싶은 욕망과 정치적 부재에 대한 불만과 좌절감을 표명하기 위해 각 지방에서 여론을 조성하고 자발적인 정치적 모임을 결성했다. 초기

대학졸업생과 자유주의적 기풍을 가진 사업가들이 1852년에 만든 봄베이 지방의 봄베이협회, 교육받은 브라만 출신들이 모인 데칸교육회, 1876년 벵골의 엘리트들이 만든 인도협회는 영어로 소통하는 세속적인 지식인들의 단체로 전국적 모임으로 발전하였다. 각 지방에 살던 '갈색 피부의 영국인'인 이들 모임들은 영어로 소통하면서 '인도'라는 국가를 발견하고 전국적 연대감-곧 민족주의를 설파했다. 피지배자와의 소통을 위해 지배자가 부과한 영어가 서로 다른 언어를 쓰는 피지배자간의 소통의 창구로 바뀐 것이다. 벵골어, 마라티어, 힌디, 타밀어를 모국어로 사용하지만 영어로 영국의 패러다임-평등과 자유, 정의를 배운 그들은 지배자와 피지배자의 차이와 지배자에 의한 차별을 부정하고 영국인과 대등한 위상과 권리를 요구하기 시작했다.

> 영국은 우리에게 오랫동안 자유주의 교육이라는 축복을 주었습니다. 우리의 정신은 서구문화의 관대한 영향 속에서 성장했습니다. 우리는 이 모든 은혜를 진심으로 고맙게 여깁니다. 그러나 우리의 지적 영역이 발달할수록 우리의 개인적인 열망과 국가적인 열망도 예민해지고 고무된다는 사실을 잊지 마십시오.… 유럽의 역사, 특히 영국의 정치제도와 역사를 배운 것이 … 수 세기 동안 잠들었던 우리의 애국적 본능에 불을 지폈다는 것을 기억하십시오.…[46]

한 벵골인 지식인이 고백한 것처럼 낮에는 영어로 JS 밀Mill의 『자유론』을 읽지만, 밤이면 집에서 힌두교 성서 「바가바드기타」를 읽는 문화적 망명자인 배운 인도인은 '열등함'이라는 영국 지배자가 부과한 자기이미지를 부정하고 대체적인 정체성을 구성하였다. 영어교육을 받고 식민정부, 법률기관과 학교 등 근대적 기관에 근무한 이들 지식인들은 동양과 서양이 만나는 경계에 서있었고, 그로 인해 영국에 대한 양가적 감정과 야누스적인 정체성을 키웠다. 그들은 식민주의자도 식민지인도 아니었으나, 동시에 영국인일 수도 인도인일 수도 있었다.

인도 지식인들은 지배자와 대등한 자기사회를 염두에 두고 영국이 의도한 메시지를 수용하고 이용하는 간극을 만들었고, 그것은 전복적인 힘을 가졌다. 그렇게 영어는 식민화의 수단, 정복의 언어에서 인도라는 상상의 공간을 연결하는 정치적 자각의 언어가 되었다. 영어교육을 도입하던 초기에 일부 영국 지배자들이 우려한대로 영어교육을 받은 인도인은 식민지배자가 '유럽으로 돌아갈 수 있는 고속도로'를 만들었다.

영국 지배자와 '다름 속에 닮음'을 가진 작가와 변호사, 저널리스트와 의사, 학자와 관리, 교사로 활약한 이들 지식인은 자기들이 속한 벵골, 봄베이 등의 지역과 벵골어, 마라티어, 타밀어 등의 언어 경계를 넘어서 인도 민족주의의 구심체로 기능한 인도 국민회의Indian National Congress의 주요 구성원이 되었다. 1885년 전국 대표자들이 모인 인도 국민회의의 첫 모임은 서부지방의 봄베이에서 열렸다.

1892~1909년 영어로 개최된 국민회의의 연례회의에 참석한 이들의 약 40%(13,839명 중 5,442명)가 법률관계 업무에 종사했다. 지주, 상인, 저널리스트, 의사와 교사가 그 뒤를 이었다.[47] 새로운 교육을 받고 근대적 직업에 종사한 이들은 영어로 공부하고 영어에 익숙한 사람들이었다. 그 가운데 5,523명이

19세기 후반에 세워진 인도 과학
기술의 요람 인도공과대학

브라만이고 다른 카스트의 힌두가 6,860명이었는데, 이러한 수치는 앞에 언급한 영어교육을 받은 학생들의 사회구성비와 비슷했다.[48]

이들의 출신성분은 국민 회의가 한동안 영국의 통치를 전면적으로 부정하지 않고 식민체제 안에서 인도인

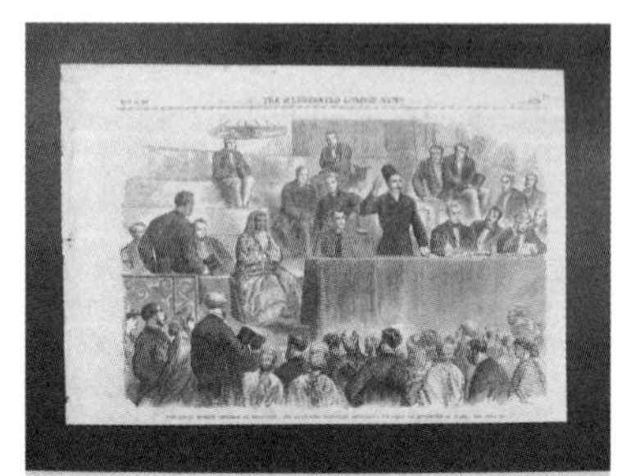

영국인 앞에서 인도인에 대한 교육의 필요성을 주장하는 1865년의 인도민족주의자

의 지위를 격상하는 온건한 방향으로 전개하도록 이끌었다. 그들은 의회대표제의 확대, 관직의 인도인화와 같은 엘리트들의 기득권 확대에 관심을 두었으나 점차 강한 민족적 성향을 드러냈다. 인도의 정치적 권리 부재와 백인 지배자와의 깊은 차별을 깨달은 그들은 영어로 신문과 잡지를 만들어 반식민적 의견을 개진하고 여론을 조성했다. 국민회의가 결성된 1885년 영자신문의 발행부수는 9만부를 넘었고, 스와데시운동이 벌어진 1905년에는 27만 6천부로 크게 증가하여 '우리'라는 연대감과 애국심을 확산하였다.

영어를 해득하는 인도인의 정치적 움직임에 대한 영국 지배자의 반응은 1885년 인도 총독이 영국 정부의 인도담당 장관에게 보낸 편지에 잘 반영되어 있다. "벵골인 바부들이 우리를 가장 짜증나게 만들고 문제를 일으키는 사람들이라는 사실은 저도 예전부터 잘 알고 있습니다. 우리가 그들을 두려워한다는 사실을 절대로 보여주어서는 안 된다는 장관의 말씀에 저도 전적으로 동의합니다. 그들에게는 켈트족이 지닌 심술궂음과 교활함 그리고 생명력이 있습니다.…"[49]

"다리를 보면 벵골인을 구분할 수가 있다. 자유인의 다리는 곧거나 약간 구부러질 뿐이어서 확고하게 설 수가 있다. … 그러나 … 벵골인의 다리는 가죽과 뼈만 남았다. 넓적다리에서 종아리까지 굵기가 똑같다. … 벵골인의 다리는 노예의 다리이다.…"[50]

"벵골인 바부들은 폭풍이 무서워서 갠지스 강에서 보트를 타지 못한다.… 밤에 오줌이 마려우면 아내나 여종을 데리고 변소에 간다.… 그들은 심지어 자기 그림자에도 소스라치게 놀란다... 이들이 싸운다는 것은 절대로 불가능하다.…"[51]

위 두 인용문에서 드러나는 벵골인에 대한 영국의 평가는 영국의 전초기지로 가장 먼저 영어교육이 실시됨으로써 가장 먼저 민족주의가 발흥하고 성장했던한 벵골 사람들에 대한 두려움에서 나왔음을 보여준다. "겁쟁이가 수치로 여겨지지 않는 유일한 곳"이 벵골이며, 나약한 벵골인을 심하게 다룰 수 없는 것이 영국의 고민이라는 식민 정부 고위관리의 발언도 자기정당화와 강한 자아를 구성할 필요에 부응하는 영국의 복잡한 내면의 반영이었다.

이러한 제국의 약점에 대한 벵골 지식인의 대응도 이 시대 지식인의 정체성을 그대로 드러냈다. "벵골의 자식들은 국가적 유산을 체계적으로 박탈당했다. (우리가) 역사에서 배우는 교훈은 마라타인, 펀자브인, 라지푸트 등 용감한 종족에 관한 것 뿐이다. … 벵골인은 영웅적인 전통을 물려받았다고 자랑하지 못한다. … 마라타의 사람들이 얼마나 시바지를 자랑하는가? … 그들이 시바지가 번성을 누리던 시절을 영웅적으로 증명했듯이 우리는 프라타파디티야의 통치기간을 그렇게 만들자. 벵골 소년들이 마라타 형제처럼 고개를 높이 쳐들 수 있도록 …."[52]

이러한 민족주의는 보다 넓은 '우리'를 구획하는 구심이 되었다.

"어떤 나라도 발전하는 새로운 자아를 표현할 적절하고 만족할 만한 수단을 찾지 않고 성장할 순 없다."[53] 벵골 출신의 혁명가인 오로빈도 고시의 주장처럼 민족주의에 감염된 영어를 아는 지식인들은 모국어에 대한 충성을 넘어서 인구의 다수가 사용하는 힌디Hindi를 인도의 자아를 표현할 유일한 언어로 간주하기 시작했다. 지배자의 언어인 영어의 인도에 대한 도전을 인식하고, 거기에 대적할 수 있는 '국어'의 발견을 국가의 해방에 연결한 것이다.

> 진정으로 네 복지를 바란다면
> 바라트의 자식들이여, 연합하여
> 한 목소리로 계속 암송하라
> 힌디, 힌두, 힌두스탄을

사실 힌디어는 모든 인도인이 사용하는 언어가 아니라 국민회의의 중심지인 북부지방에서 사용되는 언어였으나, 영국 지배자의 영어에 필적하는 언어라는 전략적 견지에서 '인도'의 공식적인 언어로 '발견'되었다. 19세기말 대륙의 크기인 광대한 인도 영토의 천태만상의 인도인을 하나로 결속하는데 크게 기여한 미스라Pratapnarayan Misra의 '힌디(언어), 힌두(인종), 힌두스탄(영토)'은 상상의 공동체-인도를 하나로 인식하게 만든 효과적인 구호가 되었다.

영어를 배운 인도인은 힌디어 뿐 아니라 각 지역어에도 관심을 보였다. 인도인 최초로 영문소설을 쓴 벵골 출신의 작가 뱅킴찬드라 차터르지Bankimchandra Chatterji(1838~94)는 14편의 소설을 모어인 벵골어로 발표했다. "한 국가의 영광을 다른 나라가 말할 수 있는가"라고 물은 그는 영국의 제임스 밀이 인도의 역사를 서술한 것을 비판하고, 로마제국의 영광을 로마의 사가들이 썼듯 인도의 역사는 인도인이 기술해야 한다고 목소리를 높이면서 '우리'를 강조하는 역사소설을 모국어로 발표하였다.

> **벵골은 자체의 역사를 가져야 한다. 그렇지 않으면 벵골에는 희망이 없다. 누가 역사를 쓸 것인가? 당신이 역사를 써야 한다. 내가 역사를 써야 한다. 우리들이 역사를 써야 한다.**[54]

영국의 전진기지인 벵골의 캘커타 대학교의 첫 졸업생으로 벵골의 식민정부에서 높은 관리를 역임하며 민족주의 성향의 소설을 쓴 챠터르지는 영국식 교육을 받은 인도인답게 1880년 가장 먼저 서구 방식의 역사인식을 언급했다. 그는 서구 문명이 '아는 것이 힘'이라는 견지에서 힘을 추구하고 힘을 숭배한 반면에 힌두의 역사는 '아는 것이 구원'이라고 믿고 힘에 대해 무지하여 결국 이방인에게 정복되었다고 말하며, 영국과 대적하고 이길 수 있는 역사인식을 강조하고 벵골어로 역사를 소개하였다.

영어에 능통한 그는 19세기 후반 차창으로 스쳐지나가는 평화로운 벵골지방의 녹색 들판을 내다보다가 자연의 미를 노래한 'Vande Mataram(어머니, 당신에게 절합니다)'이란 시를 벵골어로 썼다. 이는 나중에 그가 저술한 무슬림통치에 저항하는 힌두들의 반란을 다룬 역사소설 *Anandmath* 의 주제 시詩로 쓰였다. 소설에서 산탄 부족의 반反무슬림 투쟁구호로 사용된 '반데 마타람'은 곧 모신과 모국을 상징하면서 무슬림처럼 이방에서 온 영국에 대한 반감과 벵골인의 민족주의를 고취하는데 사용되었다. 타고르가 곡을 붙인 '반데 마타람'은 민족주의자의 애창곡이 되었다.

벵골어로 서술된 차터르지의 소설을 비롯하여 이 시대에 나온 마라티어, 타밀어 등 각 지역의 언어로 쓰인 역사소설은 존재하는 역사적 사실을 밝히는 내용이 아니라, 강하고 호전적인 인도인의 장점을 재발견하거나 새로 창조하는 작업이었다. 이는 홉스범이 말한 '전통의 창조*The Invention of Tradition*'와 흡사하다. 역사가 없는 곳에는 신화와 전설, 서사시가 동원되었다. 민족주의가 발흥한 1880년대부터 각 지역어로 나온 각 지방 영웅들의 이야기는 많은 인도인에게 민족과 국가를 단위로 사유하도록 도움을 주었다.

영어의 수용과 이용이 식민주의에 대한 전복으로 작동한 것은 이런 국면에서였다. 영어에 익숙한 계층은 모국어에 새로운 장르와 형식을 대입하였고, 영어와 영문학의 전파에 자극받은 각 지역어와 문학은 19세기에 장족의 발전을 보였다. 힌디어와 우르두어는 물론 벵골어, 타밀어, 말라얄람어, 마라티어 등의 여러 언어들은 오늘날까지 이어지는 근대적 문학전통을 대개 이 무렵에 다졌다. 이들 언어로 씌어진 수많은 역사소설과 그 아류들은 영국에 대한 인도의 종속성을 부정하고 각 지방의 영웅들을 '발견'하고 '창조'하여 민족주의가 성장하는데 크게 기여했다.

영어의 등장에 밀려서 뒷전으로 밀려났던 인도의 고전어로 된 문학도 민족주의의 확산에 기여했다. '인도'라는 통합적 인식을 발전시키기 위해 고대의 힌두 전통이 동원되었다. 산스크리트어 고전문학이 인도 문명의 기초로 여겨진 것도 바로 이때였다. 민족주의자 틸라크는 『바가바드기타』의 주석을 통해 고대 아

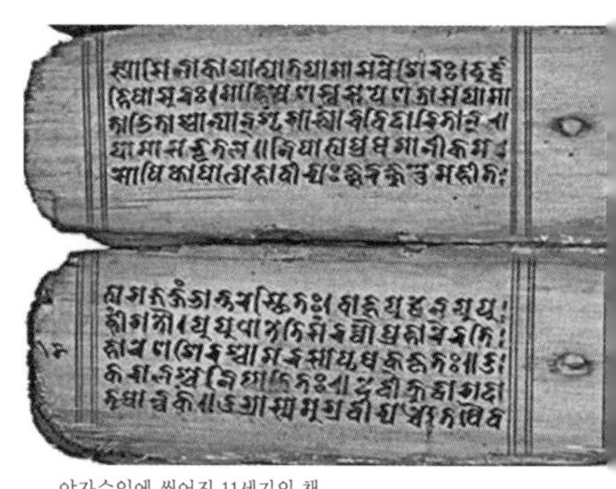

야자수잎에 씌어진 11세기의 책

리아인의 우수성과 그 계승자
인 '인도'라는 국가를 상상하
였다. 강하고 남성적인 인도를
주장하며 힌두교를 서구세계
에 소개한 비베카난다와 반영
운동의 지도자 마하트마 간디
도 산스크리트어로 된 『바가바

브라만의 전통적인 교육과정

드기타』의 주석서를 펴내 고전을 미래의 '인도'에 연계했다.

19세기 말에 뿌려진 인도 민족주의의 씨앗은 싹이 나고 20세기에
는 무성한 잎을 가진 나무로 자라났다. 1920년대에는 간디가 주도하
는 새로운 민족운동이 시작되었다. 비협력과 비폭력 등 그가 고안한
새로운 정치 프로그램은 1885년 국민회의 창설 이후 서구교육을 받
은 영어를 해득하는 엘리트 중심의 민족운동을 다양한 계층과 집단,
여러 지역의 이해관계가 반영된 아래
로부터의 열망에 근거한 대중운동으
로 전환하였다. 서구적 이념과 제도에
기반을 둔 영어를 아는 엘리트와 친
족, 카스트, 마을과 지방 등 식민화의
변방에 사는 모국어를 쓰는 대중을 연
결한 것이다.

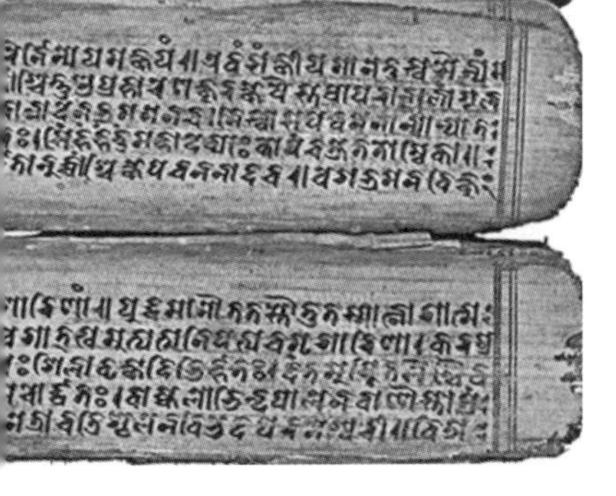

이때 나온 인도인의 영문소설은 정
복되지 않은 인도인의 전복적 행동을
그렸다. 1938년 라자 라오는 영문소
설 "Kanthapura"의 서문에서 인도
영어는 나름의 특성이 있다고 말하며,

"영어는 사실 이방의 언어가 아니다. 영어는 산스크리트와 페르시아 어처럼 지적 구성의 언어"라고 적었다. 라오는 이 단편에서 인도 대 서사시와 같은 구비전통의 방식과 구조를 빌려 영국에 저항하는 인 도인의 이야기를 영어로 썼다.[55] 남부지방의 작은 마을에서 일어난 간디의 비폭력적 저항운동을 대서사시 '라마야나*Ramayana*'의 등장 인물을 차용하여 묘사한 "Kanthapura"는 '지배자에게서 배운 언어 로 지배자를 저주하는(이른바 caliban paradigm)' 인도인의 이야기였다.

R. K. 나라얀의 영문소설 '마하트마를 기다리며 "Waiting for Mahatma"'도 이 시대 간디의 민족운동을 소재로 다루었다. 라자 라 오의 '칸타푸라'에 나오는 농촌 인구처럼 식민주의가 부과한 삶이 아닌 자기 방식의 삶을 사는, 영어를 못하는 민초民草들이 등장하는[56] 소설의 여주인공 바라티Bharati(인도의 딸)는 소설의 말미에서 자신을 좋아하는 20세의 청년 스리 람에게 충고한다. 간디를 만나면 "평소 의 당신처럼 행동하세요. 말하고 싶은 대로 말하시고요. 그분은 개의 치 않으니까요."라고. 나라얀도 물레를 돌리고 영어교육이 아닌 대안 적 국민교육을 주창한 마하트마 간디의 의식을 반영하는 주인공을 영어로 묘사하였다.

그러나 1947년 인도가 영국에서 해방될 때까지 영어는 문학의 언 어로서 선호되지는 않았다. 영어는 공적 언어·정치적 동원의 언어 로서 그리고 합리적이고 기능적인 도구로서는 주목되었으나, 문학이 나 감정적 공감을 주는 언어, 인도인의 정신과 내면을 반영하는 언어 로서는 인정받지 못했다.[57] 영어로 쓴 인도인의 첫 문학작품이 일찍 이 1830년대에 나왔고 20세기까지 R. K. 나라얀과 라자 라오 등 많 은 인도인의 영문소설이 발표되었으나, 해방될 때까지 인도에서 영 문소설은 문학계의 주류에 들지 못했다. 이는 영어를 공식적 언어,

외적 영역의 언어로만 이용한 인도인의 영어에 대한 저항적 성향을
알려준다.

5. 포스트콜로니얼 인도 영어

> 오래 전 우리는 운명과 만날 약속을 했습니다. 그리고 이제 우리의
> 약속을 웅대하게 이행할 수 있는 때가 왔습니다. 이제 자정을 알리는
> 종이 울리면 세계는 잠들어 있지만 인도는 자유와 삶을 향해 깨어
> 있을 것입니다. 인도가 떠맡은 임무는 고통을 받는 수많은 사람들에
> 게 봉사하는 것입니다. 즉 빈곤·무지·질병 그리고 기회의 불평등
> 을 종식시키는 것을 의미합니다. 우리 시대의 가장 위대한 인물(간디를
> 지칭)이 지닌 야망은 모든 이의 눈에서 눈물을 지우는 것입니다. 눈물
> 과 고통이 남아 있는 한 우리의 과업은 끝나지 않은 것입니다.

1947년 8월14일 밤 12시를 알리는 종이 울리자, 인도 연방의 초
대 총리로 내정된 네루Jawaharlal Nehru는 제헌의회에서 역사적인 연
설을 영어로 시작했다. 인도 국민회의 총재를 역임하며 반영투쟁을
주도하여 인도의 초대총리가 된 네루처럼 식민정부에서 경험을 쌓고
그에 저항한 각계 각층의 서구 엘리트들은 정치인, 행정가, 관료, 다
양한 전문인으로 새로운 국가 운영에 참여하였다. 영어를 해득하는
인도 지도자들은 해방공간에서 큰 정치적 격동없이 새 국가를 이끌
었다. 영어도 곧 종말을 고할 것이라는 예상을 깨고 독립한 인도에
서 살아남았다.

독립 직후 언어의 통일이 정치적 통일의 선결조건이라고 여긴 정
부는 북부지방 다수의 언어인 힌디를 공식어로 선포하는 한편, 다언

어사회의 특수성을 고려하여 공식어로서의 영어의 기능을 1965년까지 한시적으로 인정했다. 그러나 드라비다어를 쓰는 남부지방, 특히 인구의 0.0002%만 힌디를 이해하는 남부 타밀나두의 격렬한 반대로 정부의 계획은 수포로 돌아갔다. 중요성에서 힌디에 뒤지지 않는다고 여기는 벵골어와 타밀어를 쓰는 주 지방들은 힌디가 중심적 위상을 얻는 것에 반대했다. 1967년 중앙정부는 힌디와 더불어 드라비다어를 쓰는 남부지방과 힌디를 쓰는 북부지방의 연결 언어로서 영어의 존재성을 유지하도록 결정했다.

해방 후 60년이 지난 오늘날, 전숲지구적 소통의 언어로 자리한 영어의 이해와 숙달은 인도에서도 과학기술의 수입과 인터넷 사용 등 근대적인 삶을 은유한다. 비지니스와 상업 분야에서도 영어의 유창함dms 성공을 담보한다. 영어에 능

2006년 영문서적을 파는 한 서점에서
목격된 신에 대한 숭배

북부지방의 유명한 영어 기숙학교
학생들과 교사들 (2006년)

통한 인도인은 전문직과 관직에 종사하며 사회의 상층을 구성하고 상당한 특권을 향유한다. 이들은 그들의 전통과 영어를 알지 못하는 다수의 가난하고 힘없는 인도인과 멀어

오늘날 유명백화점 외벽의 영어 간판

지면서 인도 사회를 보다 계층화하는 결과를 낳고 있다. 이와 반대로 영어를 모르는 사람들은 대개 사회와 권력의 변방에서 전근대적 직업이나 노동에 종사한다. 이러한 차별

동부지방 소도시 길거리의 영어 간판

화와 계층화는 식민지시대보다 한층 첨예해졌다. 식민주의는 공식적으로 종결되었으나 정신의 식민화가 계속되는 것으로 볼 수 있을 정도이다.[58]

한편으로 영어는 인도인들이 서로 소통하고 더 넓은 세계와 상통할 수 있는 실용적 언어이며 기술의 이전수단이자 지혜의 운반자라고 영어의 이점을 언급하면서도 영어의 사용을 영원한 종속성의 상징이라고 언급하는 사람을 비판하는 목소리도 높다. 사실 영어가 외국의 사상과 문화를 받아들이는 신식민적 창구인 것은 분명하지만 인도의 문화를 수출하는 기능도 수행한다는 점을 간과해서는 안 된다. 식민지시대 이래 과학과 근대화, 발전을 재현하는 언어로서 자리해온 영어는 오늘날 농민의 언어는 아니지만 농과대학의 언어이고, 시장의 언어는 아니지만 상과대학과 경영대학, IT산업의 언어라는 사실을 무시할 수는 없는 것이다.

　　해방공간에서의 영어를 식민주의의 계속이나 종속화로 볼 것인가의 문제는 이 글이 마지막으로 짚어야 할 대목이다. 앞에서 살펴본 것처럼 인도인은 영국 지배자의 수동적 동화의 대상이 아니었고 영어를 통한 위로부터의 교

인도 IT산업을 주도하는 과학기술교육의 중심지
IIT 몸바이의 본관

육과 정책에 선택적으로 대응했다. 그러나 인도에서 영어의 성공은 식민지시대에 뿌린 씨앗에서 자란 '포스트콜로니얼 나무'로 보아야 할 것이다. 물론 인도 민족주의는 정복의 언어인 영어를 이용하며 성장하였다.

　　1835년 인도에 영어로 가르치는 서구교육을 실시하자고 천명한 총독부의 관리 매콜리는 "인도가 자치정부를 획득하는 그날이 영국사의 가장 자랑스러운 날이 될 것이다"라고 당당하게 전망했으나, 네루가 독립을 선포한 '자랑스러운' 1947년 8월 15일에도 여전히 인도는 교육에서도 후진국이었다. 1941년에 실시된 센서스는 인도 인구의 문자해득율이 겨우 15%임을 알려준다. 영어를 해득하는 인구는 이보다 훨씬 적어 그 10%도 되지 않았다. 일찍이 1828년 '근대 인도의 아버지'라고 불리는 람 모훈 로이는 어떤 영국인 친구에게 보낸 편지에서 "자유와 지식의 증진을 도모하는 나라와 협력하고 그 지배를 받은지 반세기가 지났음에도 불구하고 …"라며 영국 통치의 '은혜'를 받지 못하는 인도의 안타까운 행보를 토로한 적이 있었다. 그로부터 130년이 지난 독립의 날, 영국의 화려한 수사에도 불구하

고 인도는 여전히 후진국이었다.

해방 후 영어의 발전은 식민지시대보다 빠르게 성장했다. 이제 위에서 강제로 부과되는 언어가 아니라 자발적 선택의 언어가 된 영어는 기존의 다른 인도 언어를 위축시키거나 삶의 공간에서 밀어내는 것이 아니라, 오히려 여러 지방의 언어를 풍부하게 만들고 인도인의 문화생활에 깊이 뿌리를 내리는 순기능을 맡았다. 다른 한편으로 인도의 영어는 각 지방의 언어에 많은 영향을 받으며 인도다운 요소를 가지게 되었고 그 영향력은 날이 갈수록 증가하고 있다.

보다 중요한 문제는 다원적 환경에서 자연적으로 인도화한 오늘날의 '인도 영어'를 이방의 언어나 전 식민국의 언어로 볼 것인가 하는 점이다. 현재 인도에서 쓰이는 영어는 식민지시대 영국 지배자가 부과한 영어와는 많은 점에서 다르다. 당시에는 공적 영역의 언어, 연계언어에 지나지 않았으나 작금에는 많은 사람들이 사적 언어와 자기표현의 영역에서 영어를 사용한다.

영어는 다른 지역의 인도 언어와 병용되면서 서로 영향을 주고 받는다. 사실 영어를 쓰는 인도인에게 영어는 제2언어나 제3언어, 또는 제4언어일 뿐 모어를 대치하지 않는다. 모어인 벵골어, 타밀어, 마라티어, 힌디어를 사용하면서 필요한 상황에서 영어를 병용하는 것이다. 영어를 쓰는 사람의 99%가량이 모어를 사용하면서 기능적으로 영어를 쓰기 때문에, 인도 언어가 이방에서 도래한 영어로 인해 소멸할 가능성은 희박해 보인다. 영어는 이제 인도 언어의 하나로 보는 것이 옳다.

힝글리시Hinglish(힌디+잉글리시)라고 불리는 인도 영어는 힌디 뿐 아니라 여러 지방의 언어에 영향을 받았다. 식민지시대 식민화한 엘리트의 언어, 억압의 수단이던 언어가 해방된 공간에서 인도인의 필요성에 맞게 조정된 것이다. 영국식 영어나 미국식 영어가 아닌 인도화한 영어, 인도다운 영어라는 뜻의 '인도 영어'는 인도의 사회적 맥락에 따라 바뀐 영어를 이른다. 영어는 이제 밖에서 기원한 '인도 언어'이고, 문법과 의미론은 물론 실용성이라는 견지에서도 인도 언어로서 정당성을 인정받고 있다. 이미 인도 영어가 미국과 영국의 영어를 누르고 세계에서 가장 많이 사용되는 영어가 될 것이라는 전망이 나온바 있다. 인도는 미국과 영국에 이어 세계에서 세 번째로 많은 영문서적을 출간하는 나라이고, 살만 루시디Salman Rushdie와 비크람 세트Vikram Seth 등 영문소설을 써서 세계적 문명文名을 얻은 작가들을 다수 배출한 '영어의 선진국'이다.

그렇다면 인도에서 영어와 관련한 영국의 식민정책은 실패했는가, 혹은 단기적으로는 실패했으나 장기적으로는 성공했는가? 그 답은 '예'일 수도 '아니오'일 수도 있다. 영국이 지배한 과거는 물론, 영어가 국제어로서 명성을 누리는 오늘날에도 인도에서 영어를 해독하는 인구는 극소수에 지나지 않는다. 그러나 이러한 단순한 수치는 오늘날 인도에서 영어가 누리는 위상과 영어가 수반하는 특권을 제대로 반영하지는 않은 것이다. 인도에서의 식민주의와 언어 관계가 주는 주요한 교훈은 제국이 문화적 지배의 수단으로 채택한 영어가 오늘날까지 인도의 교육과 삶의 전반에서 상당하게 영향력을 행사한다는 부인할 수 없는 사실이다. 문화적 제국주의는 강하고 항구적인 셈이다.

인도에서 영국의 언어정책은 이러한 점에서는 성공했으나, 결국은 실패했다. 영어를 통한 서구의 문화적 침입과 정복에 대한 인도인의 반응은 적극적 저항이 아니라 변화에 적응하는 소극적 전략이라고 볼 수 있다. 그들의 대응은 영어를 밖에서 침입한 언어가 아니라

'내 안의 일부'로 만드는 인도의 문화적 융통성과 연계된다. 광대한 인도의 다원적 사회에서 살아가는 그들은 동시에 여러 가지 삶을 살게 마련이다. 살아남기 위해 그들은 기존의 것(예를 들면 고대의 언어인 산스크리트어와 중세 무슬림 시대의 페르시아어)을 새 것(영어)으로 전환하는 방식을 선택했고, 삶의 핵심에 영향을 주지 않는 일정한 영역의 전환을 통해 내적 자아를 보존하며 살아남았다. 인도에서의 강력한 식민통치에 수반된 영어가 인도 언어의 하나로 자리를 잡으며 생존한 것은 그 때문이다. 결국 "인도 전통은 시종 살아있었으며, 실제로 이용 당한 것은 영국인지도 모른다."[59]

1 Antonio Gramsci, *Selections from Prison Notebooks,* New York : Inter national Publishers, 1972.

2 난디는 탐욕스럽게 영토 확장에 몰두한 식민주의를 '도적 왕王'으로, 자유주의와 진보를 신봉하며 식민지인을 지배국 문화에 동화시키는 식민주의를 '철학자 왕王'으로 구분하고, 후자를 제2의 식민화라고 불렀다. Ashis Nandy, *The Intimate Enemy-Loss and Recovery of Self Under Colonialism,* Delhi : OUP, 1991, 1장.

3 이 글 3장이 그 과정을 예증한다.

4 Gauri Viswanathan, *Masks of Conquest : Literary Study and British R ule in India,* New Delhi : OUP, 1989.

5 B.T. McCully, *English Education and the Origins of Indian Nationalism* , New York : Columbia University Press, 1940.

6 19C 영국에서 계속되었던 여러 학파간의 대對 인도 논쟁은 이 책에 잘 설명되어 있다. Erik Stokes, *The English Utilitarians and India,* Oxford, 1959.

7 H. Sharp, ed. *Selections from Educational Records,* part I 1781-1839, p p.130-131.

8 Sharp, pp.107-117.

9 Trevelyan, Charles, 1838. "On the Education of the People of India". http://athena.english.vt.edu/~jmooney/3044mats/trevelyan.html

10 Edward Thornton, ed. *Gazetteer of the Territories under the Governm ent of the East India Company,* 1854, pp.32-36.

11 인도 알리가르에 있는 앵글로-오리엔탈 대학(이슬람 대학)의 학장을 역임한 테오도르 모리슨은 모든 인도 종교가 순종을 종교적 의무로 가르친다고 파악하고 "인도인에게 영국에 대한 순종이 종교적 의무라는 것을 믿게 해야 한다"고 주장

했다.

12 Armstrong Culross, *William Carey*, New York : Armstrong, 1882.

13 Leonard Woof, 1915. "Pearls and Swine", Saros Cowasjee,ed. *Stories f rom the Raj- from Kipling to Independence*, London : The Bodley Head, 1982, pp.181-200.

14 Nicholas B. Dirks, *The Hollow Crown-Ethnohistory of an Indian King dom*, Cambridge University Press, 1987, p.391.

15 Kenneth Jones, *Socio-Religious Reform Movement in British India*, N ew York : Cambridge, 1994, p.31.

16 Gauri Viswanathan, p.117.

17 Dagamar Engels, *Beyond Purdah : Women in Bengal 1890-1930*, Delh i : OUP, 1999, p.104.

18 Priya Joshi, *In Another Country*, New York : Columbia University Pr ess, 2002, p.39.

19 *The Calcutta Review*, 9.5, 1846, pp.202

20 *Report of the Indian Education Commission, 1882*, p.231.

21 *Calcutta University Commission, 1919* : 48.

22 *Quinquennial Review on the Progress of Education in India 1917-22*, p.42.

23 *Quinquennial Review on the Progress of Education in India 1932-37*, p.97.

24 *Quinquennial Review 1932-37*,p.77 ; *Decennial Review on the Progre
ss of Education in India 1937-47*, p.80.

25 *9th Quinquennial Review of Education in Bengal 1932-37*, p.12.

26 1927년 벵골 주에서는 학생 비율이 채 1%가 되지 않는 대학교육에 교육비의 22
.25%를 배정하였다.

27 Sharp, pp.99-101.

28 1938년 영어로 교수하는 문과대학의 56.6%, 고등학교의 58.6%가 캘커타, 봄
베이, 마드라스 등 3개 도시에 집중되었다(*Education In India 1937:7*).

29 Anil Seal, *The Emergence of Indian Nationalism*, Cambridge : Cambri
dge University Press, 1968, p.61.

30 *Quinquennial Review on the Progress of Education in Madras 1912-1
912 to 1916-1917*, pp.6-7.

31 McCully, pp.187-189.

32 *Government of India Resolution*, no. 199, 18, June, 1888, paras 22-2
5.

33 *Quinquennial Review 1917-22*, p.90.

34 Durganand Sinha, "Basic Indian Values and Behaviour Disposition in
the Context of National Development : An Appraisal", Durganand
Sinha, Henry S.R. Kao, eds. *Social Values and Development: Asian
Perspectives*, New Delhi : Sage Publications, 1989, pp.45-46.

35 Tanika Sarkar, "Rhetoric against Age of consent: Resisting Colonial
Reason and Death of a Child", *EPW*, 28;36(Sept. 4,) 1993, pp.28-36.

36 S .N. Siqueria, *The Education of India*, Bombay, 1953,p.63.

37 Sir, T. Raleigh, *Lord Curzon (Selection of Speeches)*, London : Elibro
n Classics, 1906, pp.315-16.

38 Rabindranath Tagore, 1917. reprinted, *My Reminiscences*, London
: Macmillan. 1991, p.132.

39 Joshi, pp.60-61.

40 T. W. Clark, ed. *The Novel in India. Its Birth and Development*, Berk
eley : University of California, 1970, p.11.

41 Sudhir Chandra, *The Oppressive Present*, Delhi : OUP, 1994, pp.26.

42 이옥순,「여성적인 동양이 남성적인 서양을 만났을 때-19세기 인도의 재발견」.
푸른역사, 1999, 121-123쪽.

43 Zaheer Baber, *The Science of Empire*, Delhi : OUP, 1988, p.228.

44 Homi Bhabha, *The Location of Culture*, London and New York : Routl
edge, 1994, p.85.

45 M. K. Gandhi, *An Autobiography*, Ahmedabad, 1929, p.596.

46 Judith Brown, *Modern India*, New Delhi : OUP, 1985, p.150.

47 B.B. Misra, *The Indian Middle Classes*, New Delhi : OUP, 1983, p.153.

48 PC, Ghose, *The Development of the Indian National Congress 1892-1
909*, Calcutta : Firma K.L. Mukhopadhyay, 1960, p.231.

49 S. Gopal, *British Policy in India*, p.153.

50 G.W. Steevens, In India (London: Thomas Nelson,1899) : Peter Robb,e
d., *The Concept of Race in South Asia*, Delhi : OUP, 1997, p.298에서
인용.

51 이는 Kaliprasnnas Sinha(1857)의 말이다. Indira Chowdhury–Sengupta,
'The Effeminate and the Masculine : Nationalism and the Concept of
Race in Colonial Bengal', Peter Robb,ed., *The Concept of Race in
South Asia*, p.289.

52 Sarla Devi Ghosal, "The Heritage of The Bengalee", *Bengalee*, 5 June,
1903, p.3.

53 Aurobindo Ghose, 1907. Reprinted 1940. *Bankim–Tilak–Dayananda*,
Calcuuta : Arya Publishing, 1907, p.9.

54 Ranajit Guha, *An Indian Historiography of India*, Calcutta : KP Bagc
hi & Company, 1988, p.57.

55 Raja Rao, *The Best of Raja Rao*, New Delhi : Katha Classics, 1998, p
p.7–27.

56 R.K. Narayan, *Malgudi Landscapes*, New Delhi : Penguin, 1992.

57 Meenakshi Mukherjee, *The Perishable Empire*, New Delhi : OUP,2002
,1장.

58 Nandy, 1장.

59 Duncan Derrett, "Tradition and Law in India", R.J. Moore, ed. *Tradit
ion and Politics in South Asia*, New Delhi : Vikas Publishing House,
1979.

참고문헌

이옥순, 『여성적인 동양이 남성적인 서양을 만났을 때-19세기 인도의 재발
견』, 푸른 역사, 1999.

1. 정부간행물 (1차 사료)

Calcutta University Commission Report 1917-19.

Decennial Review on the Progress of Education in India 1937-47.

Education in India 1937-38.

Educational Despatch, 1854.

Grant, Charles. 1792. Speeches.

H. Sharp, ed. *Selections from Educational Records, part I 1781 -
1839*

Report of Public Instruction in Madras Presidency, 1916-1917.

Quinquennial Review on the Progress of Education in Bengal.

*Quinquennial Review on the Progress of Education in India 1897-
1902.*

Quinquennial on the Progress of Education in India 1912-1917.

*Quinquennial Review on the Progress of Education in India 1922-
27.*

*Quinquennial Review on the Progress of Education in India 1932-
37.*

Quinquennial Review on the Progress of Education in Madras 191

2-1912 to 1916-1917.

Report of the Indian Education Commission 1882.

Thornton, Edward. 1854. ed. *Gazetteer of the Territories under the Government of the East India Company*

2) 1-2차 텍스트

Altbach and Kelly. *Education and Colonialism*. New York:Longma n., 1978.

───────────. 1982.*Education and the Colonial Experience.* New Brunswick : Transaction.

Bhabha, Homi. *The Location of Culture*. London and New York : Routledge. 1994.

Brown, Judith. 1984. *Modern India*. New Delhi : OUP.

Chandra, Sudhir. 1994. *The Oppressive Present*. Delhi : OUP.

Clark, T. W. 1970. ed. *The Novel in India. Its Birth and Development*. Berkeley : University of California.

Culross, Armstrong. 1882. *William Carey*. New York : Armstrong.

Darby, Phillip. 1987. *Three Faces of Imperialism*. New Haven and London : Yale University Press.

Derrett, Duncan. 1979. "Tradition and Law in India". Moore, R.J.. ed. *Tradition and Politics in South Asia*. New Delhi : Vikas Publishing House.

Engels, Dagamar. 1999. *Beyond Purdah : Women in Bengal 1890-*

1930. Delhi : OUP.

Ghose, Aurobindo. 1907. Reprinted 1940. *Bankim-Tilak-Dayanan da*. Calcuuta : Arya Publishing.

Ghose, PC. 1960. *The Development of the Indian National Congre ss 1892-1909*. Calcutta : Firma K.L. Mukhopadhyay.

Gramsci, Antonio. 1972. *Selections from Prison Notebooks*. New York : International Publishers.

Joshi, Priya. 2002. *In Another Country*. New York : Columbia Uni versity Press.

King, Christopher. 1999. *One Language, Two Scripts*. New Delhi : OUP.

McCully, B.T. 1940. *English Education and the Origins of Indian Nationalism*. New York : Columbia University Press.

Misra B.B. 1983. *The Indian Middle Classes*. New Delhi : OUP.

Mukherjee, Meenakshi. 2002. *The Perishable Empire*. New Delhi : OUP.

Nandy, Ashis. 1991. *The Intimate Enemy-Loss and Recovery of S elf Under Colonialism*. Delhi : OUP.

Narayan, R.K. 1992. *Malgudi Landscapes*. New Delhi : Penguin.

Raleigh, Sir, T. 1906. *Lord Curzon (Selection of Speeches)*. Londo n : Elibron Classics.

Rao, Raja. 1998. *The Best of Raja Rao*. New Delhi : Katha Classics.

Seal, Anil. 1968. *The Emergence of Indian Nationalism*. Cambridg e : Cambridge University Press.

Sequeira, S.N. 1939. *The Education of India*. Bombay.

Sinha, Durganand. 1989. "Basic Indian Values and Behaviour Dis
position in the Context of National Development : An
Appraisal." Durganand Sinha, Henry S.R. Kao, eds. *Social
Values and Development : Asian Perspectives*. New Delhi :
Sage Publications.

Stokes, Erick. 1980. *Peasants and Raj*. Cambridge : Cambridge U
niversity Press.

Tagore, Rabindranath. 1917. reprinted 1991. *My Reminiscences*. L
ondon : Macmillan.

The Calcutta Review. 1846.

Trevelyan, Charles, 1838. "On the Education of the People of Ind
ia". http://athena.english.vt.edu/~jmooney/3044mats/trev
elyan.html

Viswanathan, Gauri. 1989. *Masks of Conquest : Literary Study an
d British Rule in India*. New Delhi: OUP

Woolf, Leonard. 1915. "Pearls and Swine". 1982. Saros Cowasjee,
ed. *Stories From the Raj*. London : The Bodley Head.

동화同化와 저항抵抗의 기억記憶

식민지 조선의 일본어

김권정

동화同化와 저항抵抗의 기억記憶

- 식민지 조선의 일본어

1. 식민지 조선과 언어

한국은 근대사회로 전환되는 입구에서 일본제국주의에 의한 식민지 지배를 경험했다. 한국은 19세기 동아시아에 거침없이 들이닥친 서구 제국주의의 힘 앞에서 쇄국정책을 유지하고 있었던 반면, 메이지明治유신(1868) 이후 일본은 아시아지역에서 가장 먼저 자본주의 국가로 변모하는데 성공했다. 다른 제국주의 국가들처럼 일본은 자본주의 상품시장을 확보하고 안정적인 원료공급지의 획득을 모색하게 되었다. 태평양을 건너 미국으로 갈 수도 없었고, 미국과의 이해관계 때문에 필리핀을 침입할 수 없었던 일본은 자연스럽게 남쪽으로 대만, 서쪽으로 한반도 지역을 탐내게 되었다.

강력한 쇄국정책을 실시하던 대원군이 물러나고 민씨정권이 수립되자, 일본은 조선정부를 강압하여 강화도조약을 체결하는데 성공했다. 그 결과 부산과 인천 그리고 원산을 개항시킨 일본은 자신들에게 유리한 쌀과 면직물 교환무역을 전개하면서 한반도 침략의 발판을 마련할 수 있었다. 다음으로 청국과 러시아가 한반도 침략에 가장 걸림돌이 된다고 판단한 일본은 두 나라와의 무력 결전을 준비하며 급격한 군비강화작업에 나섰다. 일본은 동학농민운동(1894)을 진압하기 위한 조선정부의 청나라에 대한 군사원조 요청을 기회로 삼아 한반도에 군대를 파견했다. 1876년 강화도 조약 이래 품어왔던 침략목적을 이루기 위해 일본은 청일전쟁을 도발했고, 전쟁은 근대식 무기체계로 무장한 일본군의 승리로 끝났다.

청일전쟁 당시 포로로 잡힌 청나라 군인들

청일전쟁에서 손쉽게 승리한 일본은 한반도를 강점하고 동아시아 패권국가로 등장하기 위해서 결국 러시아와의 일전一戰이 필요하다고 판단하고 이를 준비하기 시작했다. 국제 정치무대에서 당시 세계 최대 강국인 영국과 동맹을 맺고 미국의 지지를 받게 되자 일본은 드디어 러일전쟁(1904)을 일으켰고, 이후 사실상 대한제국을 강점하게 되었다. 이렇게 한국이 완전식민의 상황으로 떨어진 반면, 일본은 근대화에 성공하여 후발 제국주의의 국가로 그 위치를 확보했을 뿐 아니라 대외팽창의 논리 속에 동아시아의 패자覇者로 등장할 수 있었다.

이 과정에서 일본은 한국을 강제 합병하고 지배하기 위해 다른 서구 제국주의의 식민지 지배방식을 깊이 연구하기 시작했다. 그것은 정치적 · 경제적 이유에서 서구 제국주의 국가들처럼 식민지를 확보하고 이를 안정적으로 지배하기 위해서였다.

이렇게 해서 수립된 것이 식민정책으로서의 동화정책同化政策이다. 원래 동화정책은 피지배민의 혈통이나 문화를 식민지배국에 융합 · 동화시키는 것을 목표하는 통치이념이라고 할 수 있다. 궁극적으로는 피지배민이 식민지배국의 민족이 되게 하는 것을 목적으로 하며, 이론상으로 식민지배국의 연장으로 지배국과 동일한 권리·자유 등을 준다. 이같은 통치이념은 인간이 원래 동일한 종족이었으나 환경의 결과로 차이가 생겨났으므로 환경의 재변경을 통해 종족적 특징을 되찾을 수 있다는 인식에서 비롯되었으며, 그 특징은 식민 피지배 세력의 사회와 문화 그리고 사상까지도 정치적 수단에 의해 급격하게 식민지배국으로 동화시키려 한다는 점이다.

일제가 채택한 동화정책은 프랑스의 직접통치 방식과 유사하다는 지적도 있었으나, 분명히 양자 간에는 차이가 있다. 프랑스의 동화주의가 18세기 프랑스 혁명의 시민사상에 기초한 계몽주의, 즉 인간 이성과 평등에 대한 신뢰를 바탕으로 하는 '문명화의 달성'이란 점이 강조되었다면, 일본의 동화정책은 기본적으로 일본 역사와 문화에 대한 집착과 차별화에서 시작되고 이를 현실화시키고자 했다는 점에 그 차이가 있었다. 이것은 다른 서구제국주의 국가의 식민통치에서는 찾아보기 어려운 것으로 일제가 한국인들의 '정체성 말살'을 시도하는 강력한 동화정책을 취하고 있었음을 의미한다.[1]

이처럼 일본의 동화정책이 다른 서구제국주의 국가와 차이가 나는 데에는 몇 가지 인식이 자리 잡고 있었다.[2] 먼저 식민 지배국인 일본과 식민지 모두 동일한 문화권, 즉 유교문화권에 속해 있었다는 점이며, 역사적 경험으로부터 외국인이나 외래사상을 동화시키는 능력, 즉 '천황' 통치하에 있는 사람들은 누구나 평등한 은혜를 받으며 민족전체가 '천황'을 중심으로 하는 가족으로 동화시키는 능력을 일본인이 갖고 있었다는 것이다. 따라서 일본제국주의는 하늘로부터 주어진 동화를 완수하기 위해 조선인의 언어와 문화를 말살하고, 일본적 가치와 제도를 강제할 사명감이 있다는 점을 주장했다.

일본은 다른 서구제국주의 국가들과 마찬가지로 조선에서 식민정책의 근간으로 동화정책을 실시했다. 무력적으로 지배하거나 경제적으로 유인하는데 한계가 있다고 판단한 일본은 무엇보다 조선인의 마음을 얻어 식민지배체제에 대한 '자발적 동의'를 끌어내는 정신적 측면의 지배를 추진할 비가시적 정책을 모색하게 되었다.

정신적 측면의 중요성을 간파한 일본은 일본어를 식민사회의 동화를 위한 중요한 수단으로 삼았다. 왜냐하면 식민사회에서 언어는 식민통치 권력과 차별의 정치와 연계된 정신적 지배의 다른 이름이기 때문이다. 그래서 식민지 사회에서 언어문제와 관련된 정책은 늘 가시적인 억압인 물리력을 동원하기보다 비가시적인 장치로, 이른바 **'문명화'**라는 인도주의적 프로그램으로 위장하여 사회 통제의 틀을 조성하는 효율적인 수단이 된다. 따라서 식민지 사회에서 식민지배 권력의 언어는 의사소통의 도구일 뿐만 아니라, 식민통치권력이 식민사회를 통제하거나 억압·배제하는 장치로 기능한다. 식민지배국의 언어가 '권위·정당성·보편성' 등의 상징이 되어 군림하고, 피지배인의 언어를 차별·억압하고 지배하게 된다.[3]

이제까지 일제강점기 한국사회에 대한 연구는 주로 일본의 '수탈'과 이에 대응한 한국인의 광범위한 '저항'이라는 측면에서 이루어져왔다. 이런 축을 중심으로 일본 제국주의 지배하의 한국 전체사회를 이해하고 서술하는데 익숙해 있다.

그러나 과연 한 사회가 그러한 이분법으로 구성될 수 있을까? 하나의 역사상을 구성하기 위해 상호보완적으로 작용하는 개념일지라도, 이는 어디까지나 '민족주의적' 인식을 통한 실천행위를 당연시하는, 역사적으로 거리가 먼 '이미지'가 작동한다고 볼 수밖에 없다. 한국사회에서 '수탈'과 '저항'이라는 '단순도식'으로 설명될 수 없

는 부분이 너무나 많음에도 불구하고, 지금까지 '도식적' 인식으로
말미암아 역사의 많은 부분들이 외면당하거나 잊혀져 왔다. 그 가운
데 하나가 바로 일본어를 매개로 전개된 식민지배정책과 이와 관련
된 한국인들의 역사적 관계성이다.

일본이 식민지 조선에서 동화의 매개수단으로 사용한 일본어의
내용과 성격을 구체적으로 살펴본 연구는 1990년대 이후 최근의 일
이다. 국내에는 최유리(1995), 이명화(1995), 박순애 · 배종각(2000) ·
김형목(2001), 신주백(2004) 등의 연구가 있다.[4] 이들의 연구는 주로
일본 제국주의의 일본어정책이 식민지 조선인의 일본화 · 황민화를
유도하는 일련의 연장선상에서 실행된 것으로, 일본어보급의 실태나
전개과정 등의 분석을 통해 식민통치의 성격을 규명하였다. 또 일본
의 식민지 지배전략인 동화정책을 현실화시키는 가장 확실한 매개수
단으로 간주된 학교교육과 언어동화주의를 중심으로 일본 지배전략
을 추적했다.

일본 제국주의의 식민지동화에 대한 많은 연구업적을 갖고 있는
일본 학계에서는 최근 다양한 연구가 나오고 있다. 이연숙(1996), 고
마고메 다케시駒込武(1996), 야스다 도시아키安田敏朗(1998), 고모리 요
이치小森陽一(2000) 등은 '일본어'가 근대 일본의 지배방식을 어떻게
강화했는가를 밝히면서 식민지 조선에서 일본어가 타자를 배제하는
동시에 지배하는 권력의 메커니즘을 형성시켜 왔음을 비판적으로 검
토했다.[5]

이처럼 주로 기존의 연구는 일본이 한국에서 동화의 매개수단으
로 사용한 일본어 정책과 보급 그리고 그 성격에 집중되어 왔다. 일
제의 일본어정책이 한국인의 일본화 · 황민화를 유도하는 일련의 연
장선상에서 실행된 것으로, 일본어보급의 실태나 전개과정 등의 분

석을 통해 식민통치의 성격을 규명하고자 했다. 또한 국외의 일본 학계에서는 주로 '일본어'가 근대 일본의 지배방식을 어떻게 강화했는가를 밝히면서, 한국에서 일본어가 타자를 배제하고 동시에 지배하는 권력의 메커니즘을 형성시켜 왔음을 구체적으로 밝혀냈다.

그런데 이들 연구는 대부분 일본제국주의의 '지배전략'이란 차원에서 이루어져 자연스럽게 조선인들의 동향이나 대응이 빠지거나 미흡할 수밖에 없었다. 한쪽으로 치우친 연구경향은 이 주제의 주체이자 대상이 되었던 많은 부분을 놓칠 수밖에 없었다. 그러므로 일제 강점기의 한국사회에 대한 폭넓은 이해를 위해서는 일본의 식민정책에 대한 검토 외에도 한국인들이 이에 대해 동화되었는지, 또는 '저항'했는지에 관한 유기적인 분석이 요구된다. 이를 통해 일제 강점기와 해방 이후의 한국역사 이해에 대한 폭을 더욱 넓힐 수 있을 것이다. 따라서 식민지시기 한국사회를 제대로 이해하기 위해서는 일본의 식민정책에 대한 검토 외에 이를 조선인들이 어떻게 수용했는지에 대한 분석이 반드시 필요하다.

그러므로 식민체제가 지배자의 '일방적'관점이 아니라 식민지인과의 상호관계 속에서 유지되고 변화된다는 관점에서 식민지 일본어를 살펴볼 필요성이 제기된다. 일본제국주의와 그 지배의 수단으로 작동한 지배자의 언어-일본어를 살펴보고, 동시에 한국인이 일본어를 매개로 하는 식민지배자의 권력행사를 '주체적'으로 어떻게 받아들이고 대응했는지 상호작용 속에서 그 성격의 분석이 요구된다. 나아가 일본어를 매개로 했던 일본제국주의의 언어동화정책이 해방 이후 한국인의 정체성 형성에 어떤 영향을 미쳤는지에 대해 추적되어야 할 것이다.

2. 차별差別과 지배支配의 언어

일본어와 정신적 혈액론

일찍부터 대외팽창의 논리 속에서 서구 제국주의의 식민지 지배 방식을 연구했던 일본은 특히 언어가 중요한 수단으로 자리잡은 영국과 프랑스의 식민지배에 주목했다. 이를 바탕으로 식민권력의 행사와 식민지 엘리트의 예속화라는 차원에서 일본어를 매개로 하는 '언어동화주의'를 계획하고 준비해 나갔다.

일제는 메이지유신 이래 '일본 정체성의 '보고寶庫'인 동시에 일본인의 정신적 혈액이며, 일본의 국체가 이 정신적 혈액으로 유지되고 일본이란 인종이 가장 강하고 영구히 보존될 수 있는 원천'이라는 개념을 확립하게 되었다.

'언어=혈액'이란 개념을 체계화한 사람은 19세기말 우에다 카즈토시上田万年(1867~1937)였다. 그는 도쿄제국대학의 교수로 일본제국주의 대외 침략에 발맞추어 비교언어학적 방법론을 바탕으로 한 언어계통론을 통해 '국어'의 대외 진출을 적극적으로 옹호하고 이후 많은 제자들을 배출했다. 제자들은 이후 일본제국 내의 여러 식민지 언어를 지역별로 나누어 전공했으며, 일본의 '국어' 이데올로기를 재생산하는 결정적인 역할을 담당했다.

우리들의 의무로서 언어의 일치와 인종의 일치를 이루려면, 제국의 역사와 함께 한 걸음도 그 방향에서 벗어나 물러서지 않도록 애쓰지 않으면 안 된다. 이를 위해 애쓰지 않는 자는 일본인만을 사랑하는 인자仁者가 아니고 일본제국을 수호하는 용자勇者도 아니며, 하물며 동양의 미래를 예기하기에 족한 지자知者는 더욱 아니다. …… 그것을 말하는 인민에게 언어는 마치 혈액이 육체상의 동포임을 드러내는 것처럼 정신상의 동포임을 드러내는 것이며, 그것을 일본어를 예로 들어 말하면 일본어는 일본인의 정신적 혈액이라고 해야 할 터이다. 일본의 국체는 이 정신적 혈액을 주로 하여 유지되며, 일본의 인종은 가장 강하게 그리고 가장 오랫동안 보존되어야 할 자물쇠이기 때문에 어지럽혀져서는 안된다.[6]

위에서 보듯이 우에다는 인종과 역사, 그리고 언어 등이 일치를 이룰 때 진정한 일본인이 될 수 있다고 보았다. 특히 언어는 마치 육체상의 동포가 혈액을 통해서 드러나듯, 일본인을 일본인이 되게 하는 정신적 혈액이 되어야 함을 강조했다. 언어를 혈액에 비유한 것은 언어를 육체적 관계 속에 집어넣은 것과 같은 것으로 '국체國體'가 정신적 혈액인 언어를 통해 유지되고 보존되어야 함을 강조하기 위해서였다. 언어가 곧 일본 정체성의 주된 요소라는 이런 관념은 일제가 식민지 획득에 막 나서기 시작하며 채택한, 언어를 통한 동화정책의 기본적 관념으로 자리 잡았다.

조선을 강제 합병한 일제는 다른 서구제국주의 국가들이 자신들이 획득한 식민지에서 했던 것처럼 조선에 식민지 동화정책을 실시했다. 시기마다 조금씩 변화가 있었으나 기본적으로 그 성격은 일제 말기까지 거의 그대로 유지되었고, 오히려 시간이 갈수록 동화정책이 더욱 강화되는 형태를 띠었다.

근대 국민국가의 '제국'을 형성한 이후, '제국의 질서'에 편입시킨 조선을 동화시키기 위해 일제가 주목한 것은 일본어였다. 그것은 일본 문화의 정체성을 담고 있는 언어인 일본어의 식민사회 이식과 적용이야말로 제대로 된 동화의 출발이 될 수 있다는 확신에서 비롯되었다. 식민지 초기부터 일제는 일본어를 통해 조선인을 그들의 사회와 전통으로부터 소외시켜 일본 제국의 문화구조로 흡수·통합시키고자 했다. 정치·경제·사회 측면에서 뿐만 아니라 문화의 차원에서 한국인들의 일본제국 안으로의 '통합'을 시도했고, 이것이 진정한동화의 단계로 나아가는 것임을 확신하고 있었다.

'언어=혈액'이라는 관념을 확립한 일제가 내세웠던 일본어보급의 표면 논리는 **'문명화론'**이었다. 일본어를 통한 동화정책은 러일전쟁 이후 설치된 통감부 시기부터 본격적으로 시행되기 시작했다. 통감부 당시 학부차관 다와라俵孫는 '일본어가 조선인의 필수 지식이며 조선인들이 추구하는 지위의 행·불행을 좌우하게 될 것'임을 경고하고, '보통학교에서는 앞으로 중류 이상의 사람들을 양성하기 위해 일본어를 반드시 필수과목으로 배우게 될 것'임을 강조했다.[7]

일본어는 근대사회의 무지몽매한 야만에서 깨어나 근대적 지식을 학습하고 계몽하는 문명화의 도구일 뿐만 아니라, 문명사회에서 뒤쳐지지 않고 개인의 사회적 지위를 상승시키는 수단임을 역설했다. 일제는 강점 말기까지 시종일관 이런 논리를 주장했다.

반면에 **'황민화론**皇民化論'은 일본어보급의 궁극적인 논리이자 목적이었다. 황민화론은 일제가 조선인을 일본 '천황'에게 복종하는 충실한 '황국신민皇國臣民'으로 만드는 여러 논리를 총칭하는 것으로, 황국신민이란 자신을 무無로 여기며 천황을 위해 기꺼이 죽을 수 있는 인간을 가리켰다.[8] 따라서 조선인을 일본 구성원으로 어떻게 편입·동화시킬 것인가? 하는 것은 이후 일제의 식민지배정책에서 최대의 문제가 되었다.[9]

조선인에 대한 정치사회적 통합 뿐만 아니라 문화적이고 심리적인 통합까지 달성하여 완전한 '내선일체內鮮一體'를 이루고자 했던 일제가 이에 대한 대안으로 제시한 것이 바로 일본어 교육이었다. 그것은 언어가 정치·권력·이데올로기와 연결되어 있으며, 한 국가의 언어가 확산된다는 것은 곧 하나의 이데올로기가 퍼진다는 것임을 학습을 통해 획득한 결과이기도 했다. 이런 그들의 확고한 의도는 다음의 글을 통해서도 확인된다.[10]

식민지 통치에는 오직 두 가지의 길이 있을 뿐입니다. 하나는 상대 민족을 외국인으로 그대로 간주한 채로 통치하는 것입니다. 당신의 조국인 영국은 인도에서 이와 같은 방법으로 통치했으며, 결국 이와 같은 제국은 오래 견딜 수가 없습니다. 인도는 당신들의 지배에서 벗어날 것임에 틀림이 없습니다. 두 번째 방법은 상대 민족을 동화同化 시키는 것입니다. 우리는 이 방법을 취할 작정입니다. 우리는 한민족에게 일본어를 가르치고 우리의 제도를 이 곳에 이식함으로써 그들을 우리와 일체가 되도록 만들 것입니다.

위의 글은 통감부 시절 서울에 거주하던 '유력한' 일본인이 외국인 매켄지에게 말한 내용이다. 조선의 병탄을 기정사실화 하면서 일본의 제도와 생활습속을 이식하기 위해 일제는 조선인에게 일본어를 일관되게 보급시켜 장기적으로 조선인을 일본인화 하겠다는 '일본어 동화정책'에 대한 강력한 의지를 숨기지 않고 있었다.

이런 인식은 조선총독부 초대총독이었던 데라우치寺內에게서 보다 분명하게 구체화되었다. 그는 일본어 교육을 덕성의 함양과 함께 '일본인화'의 중요 자질의 하나로 보고 일본어 보급의 중요성을 강력하게 역설했다.[11] 총독 취임 이후 첫 시정방침으로『매일신보』에 실린「동화의 방법」(1910.9.14)이란 글에서 "동화同化의 급무急務는 어학語學"임을 지적하고, "교육教育을 확장擴張ᄒ야 어학語學을 보급普及케ᄒ고 마이세월磨以歲月ᄒ야 일반인민一般人民으로 동화역同化域에 제진齊進ᄒᄂ 것이 당국자當局者의 제일급무第一急務"임을 거듭 주장했다.

데라우치 총독은 식민지 조선사회에서 가장 시급한 일이 일본어를 통해 사상이나 감정을 소통하는 것임을 강조했다. 그렇게 된다면 동화의 일체를 이룰 수 있으며 일본어보급이야 말로 황민화정책의 가장 중요한 수단이며 뿌리가 됨을 강조했다.

일제의 식민지배질서가 공고하게 확립되면서 일본제국주의 학자들을 통해 일본어의 위치가 일본 본국과 함께 식민지 사회에서 '국어國語'로서의 자리가 구체적으로 확립되어 갔다.[12] 이것은 일본어가 조선어에 비해 '우위優位'에 있다는 차별적인 태도를 합리화하는 '이분법의 공식화'를 통해서였다. 일본어를 '국어'의 자리에 설정하고 조선어를 방언方言 내지 지방어地方語로 분류함으로써 언어적 차별을 공식화하기 시작하였다.

1927년부터 경성제국대학의 법문학부에서 국어학을 강의한 토키에다時枝誠記는 "국어는 실로 일본국가 또는 일본국민의 언어를 의미한다. 국가적 견지에서 볼 때 방언에 대한 국어의 가치는, 바꿔 말해 조선어에 대한 국어의 우위를 의미했다. 방언이나 조선어에 대한 국어의 우위를 인정해야만 하는 것은 근본으로 거슬러 올라가면 근대의 국가형태에 기초를 두고 있다고 하지 않으면 안된다"[13]고 하여, 국어의 우위성과 조선에서의 일본어를 통한 국어보급의 정당성을 강조했다.

그러므로 일제는 3천 년 이상의 역사를 갖고 있으며 조선민족이란 명확한 자각심을 갖고 있는 조선인을[14] 어떻게 일본 천황에게 목숨을 바칠 수 있을 정도의 일본국민으로 동화시킬 것인가라는 문제의식 속에서,[15] 장기적으로 일본어야말로 그러한 세계관과 이념을 전달하고 내면화시킬 최적의 수단임을 확신하며 일본어동화정책을 강력하게 추진해 나갔다.

조선총독부의 일본어보급

일제의 일본어보급은 강제 합병 이전에 이미 조직적으로 시작되고 있었다. 1876년 '강화도조약'을 통해 개항을 단행한 이후 개항장을 중심으로 일본인들의 거주지가 생겨나고 일본에 대한 관심이 증폭되면서 일본인들은 일제의 묵인이나 협조 하에 일본어보급을 위한 여러 활동을 전개했다.

1894년 갑오개혁 직후 일제는 민간단체인 동아동문회東亞同文會·대일본해외교육회大日本海外敎育會, 불교종파 대곡파본원사大谷派本願寺, 일본거류민단 등의 일본어보급을 통해 조선 내에 침략

인천 일어학교 (1894)

기반을 조성·은폐하기에 이르렀다. 그리고 1900년대 이르러 대표적인 친일단체인 일진회가 일본어를 중점적으로 가르치는 34개의 사립학교를 설립·운영할 정도였다.

1896년 설립된 경성학당京城學堂과 1899년 전주관찰사 이완용李完用의 협력으로 설립된 삼남학당三南學堂은 당시를 대표하는 일본어학교였다. 1900년 2월까지 동래·대구·안성·성진·광주 등에 무려 11개교가 설립되었고, 이어 마산·

제물포항의 일본인과 중국인 구역 (1904)

개성 · 진남포 · 군산 · 강경 · 수원 · 목포 · 경주 · 진주 · 해주 · 통영 등지에도 설립되며 널리 확산되어 나갔다.[16] 이는 양국인 '유대강화'라는 미명하에 이루어졌다.

그런데 고조된 배일감정排日感情과 달리 상당수의 조선인은 별다른 거부감없이 이에 편승하고 있었다. 일본인이 설립한 강습소 · 야학에 대한 호응이 당시 이러한 상황을 반증하는 부분이다.

일본어보급 상황은 일제 침략의 가속화와 더불어 점차 일본어학교가 제도권 교육기관으로 위치하게 되면서 더욱 활발히 전개되었다. 1910년 이전의 일본어보급은 친일세력의 육성을 통한 침략의 일환에서 추진이 이뤄지고 있었다.

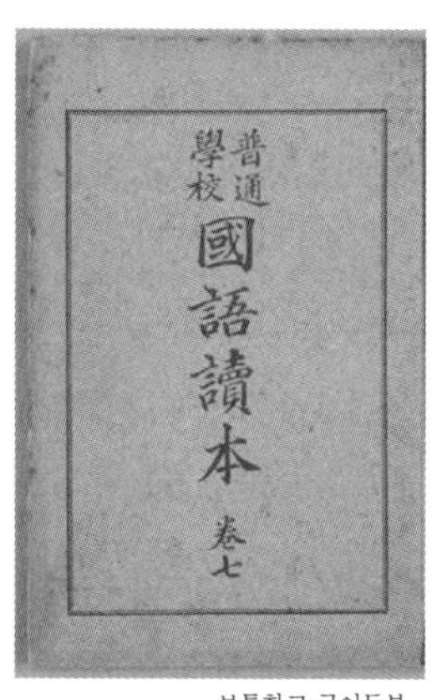

보통학교 국어독본

한편 1910년 일제의 조선 강점은 일본어가 조선어에 대해 '절대적 우월권'을 확보하는 결정적인 계기가 되었으며, 지배어 일본어가 조선인들에게 제도적 · 공식적으로 강제強制되기 시작했음을 의미했다.

우선 조선총독부는 일본어의 명칭을 '국어'로 변경하고, 조선인의 언어를 '조선어'로 낮추는 동시에 이를 하나의 '지방어' 내지 '주변어'로 규정했다. 이는 제도권 교육기관 학교의 언어수업에서 단적으로 나타났다. 일본어 수업시간은 조선어에 비해 2~3배에 가까운 '우월한' 비중을 차지했다.[17] 공교육기관에서는 조선어 · 한문 과목을 제외한 모든 교과서를 일본어로 기술하여 사용했으며 교수용어도 일본어로 통일시켰다. 다른 과목에서도 일본어 연

습과 작문 등을
주의시키는 등 모
든 수업이 거의
일본어 훈련과정
과 같았다. 따라
서 초등보통학교
뿐만 아니라 고등
보통학교, 실업학
교, 전문학교 등

보통학교 수업광경

전 학교 교육과정에서 일본어 교육은 가장 중시되는 과목이었다.

1910년대 조선총독부의 일본어보급은 학교 뿐만 아니라 비제도권 교육기관인 '야학' 및 '국어강습소'를 통해서도 전개되었다. 이는 학교의 보급율이 사설 교육시설보다 낮았고, 조선총독부의 식민지 교육에 대한 조선인의 반감이 겹치면서 학교교육을 통한 일본어보급이 부진할 수밖에 없었다. 이 시기 '야학'에서 일본어교육이 주도적으로 실시되고 있었다는 것은 한말에 세워졌던 계몽야학들이 1910년대에 식민지 제도권 교육체제에 편입된 결과임을 보여주며, 당시 야학의 성격이 궁극적으로는 문맹퇴치가 목적이었으나 오히려 일본어를 가르치는 일제 식민교육정책을 실천하는 기관으로 변질되었음을 의미하는 것이었다.[18]

주로 관의 보호 지원 속에서 운영되던 국어강습소의 일본어교육은 공립 고등보통학교 교사나 관리들로 대부분 일본인이 담당했다. 이에 더하여 일제 강점기 동안 치안을 담당하던 '경찰관리'들이 조선강점의 정당성 홍보와 지배의 효율성을 위해 '일본어 교육'을 담당하기도 했다. 국어강습회의 성행과 사립학교 재학생들이 일본어교육기관으로 전학하는 사태는 당시 상황과 밀접한 관계 속에서 이루어졌다. 심지어 일본어보급을 선도·주도한 사람은 '모범적인' 교육가로서 칭송되었다.

또한 식민정책의 수행상 한국인 관리에게도 초보적인 일본어 해독력이 요구되었다. 일본어에 무지한 관리는 면직·감봉되는 등 불이익 처분을 받았다.[19] 반면 일본어 능통자는 면접이나 간단한 특별시험으로 하급관리나 통역주사로서 채용되었다.

이런 분위기에 부응하여 지방의 관리들은 주민들에게 『매일신보』 구독을 권장했다. 이 신문은 1913년부터 일상생활에 필요한 간단한 인사법 등의 일본어를 연재하고 있었다.[20] 당시 일본어 습득에 필요한 교재 확보가 쉽지 않았던 반면, 신문 구독은 지방관에 의해 마을 주민 전체를 대상으로 널리 이루어졌다. 신문 보급은 식민정책을 선전·홍보할 뿐만 아니라 일본어보급의 주요 수단이 되었다. 결국 일본어보급은 동화정책을 위한 주요한 수단이었다. 이렇듯 1910년대 이래 일본어보급은 학교교육뿐 아니라 야학과 국어강습소를 통해 이루어졌다.

1919년 3·1운동을 전후로 조선총독부는 종래의 '무단적' 식민통치의 한계를 인식하고, 식민정책에 다소 '유연한' 변화를 주었다. 그러나 이러한 변화는 기만적인 지배정책에 불과했는데, 이는 일본어를 절대적 기준으로 설정한 언어정책에서 적나라하게 드러났다.

1922년 2월 제2차에 개정된 「교육령」에서는 '일본어를 사용하지 않는 자'의 학교제도와 '일본어를 사용하는 자'의 학교제도라는 차별적 학교교육제도 실시를 발표했다.[21] 곧 일본어의 '사용유무'가 공

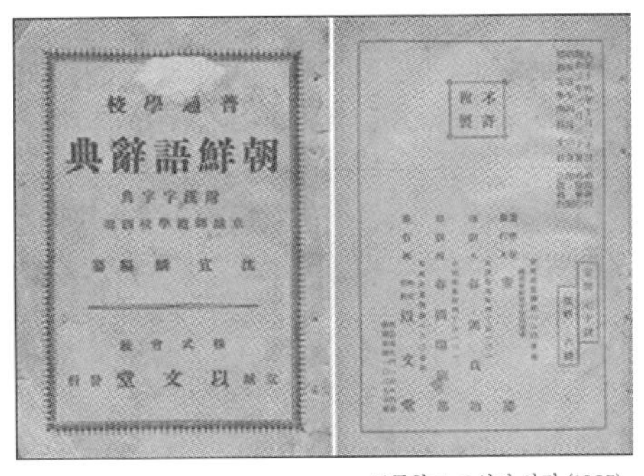

보통학교 조선어 사전 (1925)

적 영역에서 행해지던 공교육에서 조선인을 합법적으로 차별하고 '타자화他者化'하는 기준이 되었다. 이와 함께 각급 학교에서 '조선어 및 한문'과목이 '조선어'와 '한문'으로 분리되어 단일 과목이 되었고, 한문시간에는 일본어를 사용하는데 필요한 일본어식 한문만을 공부했다. 6년제 보통학교의 경우 일본어가 1~4학년까지 10시간, 5~6학년까지 9시간이었던 것에 반해, 조선어는 1~4학년까지 4시간, 5~6학년까지 3시간이었다.

이것은 식민권력이 조선 사회에서 '언어의 배타적 공간'을 확립한 것으로, 조선어를 지배영역 밖으로 축출함과 동시에 조선어를 사용하는 사람들, 일본어를 배우지 않는 조선인들을 식민지 조선사회에서 '배제'시키겠다는 의도가 담겨 있었다.

조선총독부는 제도권 교육현장 외의 일상생활에서도 일본어를 광범위하게 보급시켜 나갔다. 특히 1920년대 중반 경부터 각급 학교에서는 교내에서 조선어 사용을 금지하면서

일제시대 재판광경

이를 어길 경우 벌금을 물리거나 체벌·구타하는 방법까지 동원되었다. 재판소에서도 조선어를 사용할 경우 재판을 연기하거나 거부하는 일이 흔히 일어났다.[22] 일본어가 지배하는 의사소통이 정당화되고

사회적으로 세력화됨에 따라 거기에 편승하지 않거나 못하는 사람들을 공적·사회적 의사소통에서 배제하고자 하는 '타자화 현상'이 사회적으로 공공연하게 자행되었다.

반면 조선총독부는 3·1운동이란 조선인의 거대한 저항을 경험하면서 식민지 지배의 효율적인 집행과 비판의 무마를 위해 '조선어'에 대한 '우호적인' 양면 정책을 실시하기도 했다.[23] 당시 학무국장인 세키야 사다사부로關屋貞三郎는 "일본어를 교육하는 것은 결코 조선어를 박멸시키려고 하는 것이 아니고, 제국신민에게 국어의 가치를 인정하게 하기 위한 것"이라는 변명을 늘어놓았다.[24]

1921년에는 '조선총독부 및 소속관서 직원 조선어 장려규정'을 시행하기도 하여 관리들에게 업무의 효율성을 들어 '조선어 사용'을 장려하는 조치를 취했다. 교육을 담당하는 학교에도 조선어과朝鮮語科를 설치했는데, 당시 경성제국 대학에 조선어과가 설치되어 소수의 조선인 학생들이 합법적으로 조선어를 습득할 수 있는 계기가 되었다.

그러나 이것이 곧 일본어 보급에 대한 계획을 보류 또는 약화시키는 것은 아니었다. 조선총독부는 조선어에 대한 조치에 대해 상관없이 조선인이 점차 일본국민이 되도록 하고, 학교교육에서 국어교육을 무엇보다 중시한다는 입장을 공공연하게 강조했다. 일본어 보급의 실태에 대한 기초조사를 실시하고 일본어 보급에 대한 강한 의지를 전혀 포기하지 않고, 이를 더욱 강화시켜 나갔다.[25]

또한 1920년대 이후 근대적 교육욕구에서 도시를 중심으로 보통학교에 대한 조선인의 증대요구가 커지자, 조선총독부는 아동을 대상으로 하는 보통학교 교육을 확대하기 시작했다. 1920년대 중반 이후 조선인의 근대 학교에 대한 향학열 고조와 일제의 '삼면일교三面

'一校' 정책이 맞물리면서 보통학교 취학율이 급증했다.[26] 이전까지만 해도 학교와 학생수의 저조현상으로 학교교육을 대상으로 하는 학생들에 대한 일본어보급율이 크게 저조했으나, 이 시기 이후 보통교육의 확대가 일본어보급율이 조선인 아동을 대상으로 크게 확대되는 배경이 되었다.

이런 현상은 1919년 이전 만해도 보통학교에 비해 상대적으로 많았던 서당교육의 쇠퇴 현상을 가져왔다. 이는 일제가 조선어를 가르치는 강습소나 야학의 기능을 하던 서당에 탄압을 가했던 것도 원인이었으나, 그것보다 보통학교가 대폭 확대되어 서당을 추월하기 시작했다는 점이 더 큰 배경이 되었다.

1923년에 보통학교 학생이 서당의 학생을 처음으로 추월했다. 그 해 서당 학생은 25만 6천여 명으로 전체에서 차지하는 비중이 40.7%이지만, 보통학교 학생은 30만 명을 넘어서서 그 비중이 48.5%가 되었다. 이후 보통학교 학생은 완만한 증가 추세를 보이다가 1942년에 학생수가 178만 명이 되어 전체 초등교육에서 차지하는 비중이 84.1%에 달하게 되었고, 서당 학생은 15만 3천여 명으로 그 비중이 7.3%로 줄어들었다.[27] 그리하여 1919년 이후 보통학교는 조선인의 교육행위와 함께 일본어 교육의 근간으로 확고하게 입지를 굳히게 되었다. 물론 3·1운동을 전후로 일본어를 가르치는 개량서당이 등장하기도 했으나, 대부분 전통적인 한문교육을 담당하던 서당들은 보통학교와의 경쟁에서 뒤쳐져 쇠퇴하게 되었다.

한편 일본어보급운동은 1930년대에 들어서면서 도시중심에서 벗어나 주로 농촌지역으로 확산되기 시작했다. 이것은 1920년대 말 세계대공황의 여파로 곤경에 처한 농촌 지역이 거의 파탄지경에 이르렀다는 일제의 위기의식과 이에 대한 대응의 과정에서 비롯되었다.

피폐화된 농촌지역에서 일제의 농촌정책에 대한 농민층의 반발이 거세게 일어났는데, 1930년대 초에 소작쟁의가 활발하게 일어나고 공산주의 세력이 주도하던 '혁명적' 농민조합운동이 확대되었다. 농촌지역의 궁핍화와 불안정은 식민지배체제에 대한 위협으로 간주되었고, 농촌경제를 안정시키고 대륙침략의 발판을 만들기 위해 농촌지역의 대대적인 개발과 진흥운동이 실시되었다.

1931년 6월에 조선총독부에 부임한 우가키宇垣 총독은 '심전개발心田開發'을 내세우며 민족운동 무대였던 농촌지역에 대한 대대적인 진흥운동을 전개했다.[28] 조선총독부는 교육받지 못한 농민들에게 조선어를 교육하던 농촌지역의 강습소와 야학을 강제 폐쇄시키고, 식민교육에서 제외된 농촌청년들에게 집중적으로 일본어교육을 시키기 위해 농촌지역에 '일본어 야학회', '일본어 강습회' 등의 시설들을 확충했다. 또한 1932년에는 미취학 청소년들을 대상으로 학교와 야학·강습소의 중간형태인 2년제 간이학교簡易學校가 설치되었다. 이 학교의 교육은 "국어를 읽고 쓰며, 말할 수 있게 한다", "직업에 대한 이해능력을 가진 사람이 된다"라고 하여, 일본어교육과 실업교육이 주된 것이었다. 주간 12시간의 일본어를 습득했으나 조선어는 2시간에 불과할 정도로 일본어중심의 언어교육이 실시되었다.[29] 간이학교 설치의 주된 목적은 일본어교육과 보급 확대에 있었다.

1930년대 들어 일본어보급운동이 농촌지역으로까지 확대된 것은 일제가 농촌사회의 안정과 함께 이전까지 지지부진하던 일본어보급정책의 침체를 만회하고자 하는 측면도 강했다. 일제는 러일전쟁 이후 통감부를 설치한 이래 제도교육과 민간단체를 통해 추진했던 일본어 교육을 집중적으로 실시했으나 통계적 측면에서 볼 때 그 성과는 그렇게 신통하지 못했다. 1932년의 경우 일본어보급율은 전 조선

인 대비 10%에도 미치지 못하는 수준이었다. 조선인 총수 20,205,5
91명 가운데 일본어를 할 수 있는 조선인 수는 1,578,131명으로 전
체 조선인구의 약 7.81% 정도에 불과했다.[30] '만주침략'에 이어 중
국과 일전一戰을 준비하며 장차 조선인을 전쟁에 동원하고자 의도했
던 일제에게는 큰 타격이었다. 조선인들의 일본어 이해수준으로는
일본정신을 주입하기 어렵고, 장차 군인으로 전쟁에 동원하는데 지
장을 초래할 수밖에 없다는 위기감을 느꼈다. 왜냐하면 '징병제'의
성패는 징병대상인 조선 청년들에게 일본어를 얼마나 완벽하게 보급
할 수 있는가 하는 점에 직결되었고, 조선인들 전체에 대한 일본어
보급 문제의 결과 여하에 따라 일제의 전쟁 수행 그리고 앞으로의 일
본의 식민지정책 전체를 좌우할 수 있다는 식민통치세력의 판단에서
비롯된 것이다. 따라서 조선인의 80%이상이 거주하고 있는 농촌지
역에 대한 일본어보급운동이 '선택'이 아니라 '필수'로 제기된 것은
식민통치차원에서 보면 어쩌면 당연한 것이었다.

1930년대 중반 이후 조선을 대륙침략 수행을 위한 병참기지로 재
편하는 과정에서 일본어 교육이 더욱 강화되었다. 전쟁에 조선인을
동원하기 위해서 자유자재, 아니 최소한 의사소통을 할 수 있는 수준
의 일본어보급운동은 절박한 문제였다. 이를 위해 총독부 학무국 내
에 사회교육과가 신설되었으며, 학교와 사회를 연계하는 일본어의
'전해운동全解運動'으로 본격 발전되었다.[31]

일본어보급이 강점부터 1930년대 초반까지 주로 교육을 통해 학
생을 대상으로 실시되었다면, 1930년대 후반부터 전체 조선인의 일
상의 생각과 행동의 일치를 요구하고 강제하기 시작했다는 점이 크
게 달라졌다. 1937년 7월 중일전쟁 이후 조선총독부는 제3차 「교육
령」을 반포하고, 조선인의 일본어 습득과 일본어의 상용을 곧 '내선

징병제 실시를 감사하는
거리행진의 모습

일제말기 보통학교에서 사용된 조선
어독본의 모습 – 독본 가운데 국기가
태극기가 아닌 일장기로 바뀌어 있는
모습

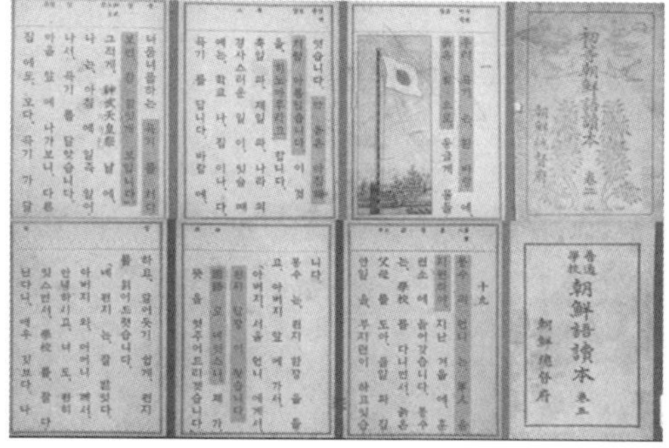

목검술 훈련받는 여학생들

일체'완성의 지름길인 동시에 황민화정책의 실천이라는 차원에서 추구하기 시작했다.[32] 이는 징병제를 뒷받침하기 위해 제정된 것이었으며, 보다 구체적으로 일본어보급의 전면적 실시를 위한 교육제도의 정비였다.[33]

1941년 12월에 '태평양전쟁'이 발발하자 조선총독부는 조선인들이 한 명도 예외없이 일본어를 완전히 이해할 수 있도록 하기 위해 강력한 군사력의 지원 아래 학교 및 사회, 모든 인력과 시설을 총동원하여 일본어보급운동을 전면적으로 추진하기 시작했다. 1942년 5월 국민총력조선연맹은 「국어보급운동요강國語普及運動要綱」[34]을 발표하고 일본어 상용 목표 아래 일본어보급과 상용운동을 '국민운동'으로 전개했다. 1943년 3월에는 「교육령」을 또 다시 개정하여 조선어 교과를 완전히 폐지하였고, 그 해 8월부터 조선군사령부가 직접 개입하여 일본어보급운동을 주도했다. 일제 말기 전쟁의 막바지인 1943년에 개정된 교육령에 의해 그나마 미약하게라도 맥을 이어가던 조선어는 교육현장에서 완전히 소멸되었다.

일제강점기 학교 조회시간

이처럼 조선총독부는 말기에 이르러 군대생활과 전쟁수행에 지장이 없도록 군사명령을 이해함과 동시에, 조선인들이 자유롭게 구사할 수 있을 정도의 일본어 능력 강화를 추진하여 나갔다. 동시에 전 조선에 걸쳐 강습소, 야학, 청년훈련소 등의 일본어교육시설을 설치하고 식민지 교육에서 배제된 조선인을 수용하여 이들을 대상으로 한 일본어상용운동을 철저히 전개했다. 이를 통해 일제는 조선인의 '의식意識' 자체를 일본인의 '의식'으로 변화시키고자 노력했다.

3. 생존生存과 순응順應의 언어

강점 이전에도 일본어를 매개로 친일세력을 육성하던 일제는 강점 초기부터 식민지 조선에 대해 강력한 언어정책을 실시하기 시작했다. 그러나 조선인들은 일제가 기대하듯이 단순히 일본어를 매개로 하는 동화의 '기계적'인 대상이 되지 않았다.

근대 제국주의 침략과 지배의 필요성과 이해관계에 따라 침략자의 언어를 사용하는 식민지 협력자 계층이 생겨나듯이,[35] 식민지 조선인들 중에는 식민지체제에서 일본어를 단순한 의사소통 도구가 아니라 자신들에게 관직官職과 부富, 신지식新知識을 가져다주는 도구로 인식하고 적극적으로 반응하여 자발적으로 사용하는 계층이 형성되기 시작했다. 이들 조선인들은 주로 식민 초기인 식민지배 권력을 행사하는 중하급관리로 기용된 관리층이거나 대한제국 시절 높은 정관계에 있다가 친일인사로 나선 친일 관료층, 일본인을 대상으로 하거나 함께 상업 활동을 하는 자본가·상인층, 초등교육 이상을 통해 일본어를 습득한 학생들과 이들을 가르치는 교사를 포함하는 엘리트 지식인층 등이었다. 일찍이 일본 유학을 통해 일본어를 익히거나 일본이 국내에 세운 일본어학교나 강습회 등에서 일본어를 습득했던 사람들이 대부분이었다.[36]

예컨대 일제는 식민정책의 원활한 집행을 위해 조선인 관리들에게 기초적인 일본어 해독 능력을 요구했으며, 여기에 부응하지 못하는 조선인들에게 면직 등의 불이익을 가했다. 일본어 능통자는 식민지배기구의 하급관리로 대거 충원되었으며, 일본이 대거 거주하는 개항장이나 도시에서 상업활동을 하거나 일본인과의 접촉이 빈번한 조선인들 사이에서 일본어의 습득과 사용이 현저하게 커져 갔다. 일본인, 또는 식민지배체제와 직간접으로 관계를 맺고 있는 조선인들 사이에 일본어 습득이 급속도로 확산되었으며, 이는 다분히 일상의 삶을 영위하는 '생존의 도구'로서 기능했다.

이 과정에서 식민정책에 포섭된 친일세력이 자제들의 조기교육에 관심을 갖고 '일본어 만능시대'에 부응할 방편으로 삼은 것이 유치원 교육이었다. 강제 합병직후부터 친일 관료와 실업가들은 유치원 교육에 관심을 갖고 유치원 설립을 계획했다. 이때 설립된 대표적인 유치원이 경성유치원京城幼稚園이었다.[37]

교육과정을 살펴보면, 유치원 원아들은 수업 중에 일본어로 된 창가를 불렀고 일본어 인사를 일상화하고 있었으며, 철저한 '일본인화'를 위한 여러 교육 과정과 함께 일본어교육이 병행되었다. 원아들은 부지불식간에 일본어로 인사하거나 일본식 생활예절을 습득하는 등 뚜렷한 '성과'를 나타냈다. 학부형이나 보모 등은 이를 유치원의 큰 자부심으로 인식할 정도였다. 경성유치원은 유아교육과 상당한 괴리감 속에서 시작되었다. 식민지배체제에 적합한 조선인, 나아가 예비적인 '일본인' 양성이 궁극적인 목표이자 취지였다. 다음에 인용된 구절은 이러한 사실을 분명히 보여준다.

… 개원 후 2개월쯤 지나 유아들이 마당에 나가서 모래장난을 하였다. 이웃의 여자고등보통학교로부터 기미가요(일본국가)의 합창이 들려왔다. 원아들은 기미가요를 듣자 일제히 기미가요를 부르기 시작하였다. 그들이 부른 기미가요는 너무나 아름다웠다.……그 기미가요를 듣는 순간 지금까지 나의 고생은 충분히 보상받았다는 생각이 들었다.[38]

이 글에 따르면, 모래장난에 열중하던 원아들이 기미가요가 들려오자 일제히 기립하여 이를 제창하는 등 '눈물겨운' 현장을 연출했다고 한다. 이는 유치원교육을 통한 예비적인 친일적인 인사가 자연스럽게 양성되고 있다는 사실을 의미했다.

식민지 조선인들의 일본어습득과 사용에 있어 획기적 변화가 나타난 것은 1919년 3·1운동 이후의 일이었다. 통감부 이래 일본어 보급운동을 펼쳤으나, 일본어에 대한 조선인들의 반감은 쉽게 누그러들지 않았고 일상에서 일본어 보급은 부진할 수밖에 없었다. 3·1운동 이후 이런 현상에 큰 변화가 나타났다. 1920년대~30년대 일본어를 사용하며 일상에서 문화 활동을 하거나 삶을 영위하는 조선인의 활동이 크게 활발해지면서 늘어나기 시작했다. 이는 식민지 조선인 가운데 일본어를 체계적으로 습득하고 사용해 자신의 사회적 지위를 향상시키거나, 새로운 근대지식을 습득하기도 하고 자신의 개인적 욕구를 향유하는 흐름들이 사회 곳곳에서 등장하기 시작했음을 말해준다. 바야흐로 "일본어 전성시대 또는 만능시대"가 도래하기에 이르렀다.

물론 1919년 3·1운동을 계기로 식민지배정책에 본질적 변화가 있었던 것은 아니다. 그러나 식민지 전체의 구조적 측면에서 가시적인 변화의 요소들이 분명하게 나타났고, 식민지 조선인들의 언어습득과 사용이

동양척식 주식회사

이와 밀접한 관련을 갖고 있었던 것은 사실이다. 이 과정에서 언론·출판의 자유가 일정정도 허용되었다.[39] 언론출판의 허용에 따른 검열이 그만큼 강화된 것도 사실이지만, 완전히 금지되어 있던 이전 시

토지조사 측량하는 모습

대와 판이하게 다른 '사회문화적 환경'이 조성된 것이다. 조선어 서적도 있었지만 일본을 통해 들어온 일본어 서적들이 서울과 조선사회에 건설되기 시작한 '제국도시'를 중심으로 대량으로 유입되기 시작했다. 일본에서 조선으로 직접 유입되는 출판물에 대해서는 상대적으로 '약한' 검열 정책을 폈기 때문에 가능한 현상이었다. 이는 근대적 문물에 목말라 했던 식민지 엘리트 조선인들뿐 아니라

일본의 상인이나 기업인을 지원하기 위해 설립된 조선식산은행

대중들에게도 일본어에 대한 인식에 큰 변화를 불러왔다.

일제는 식민지 조선사회에서 엘리트 지식인들 뿐만 아니라 상당 수 조선인 대중들에게 서구의 근대학문과 과학문물을 받아들이는 가장 중요한 통로였고 이들 대부분의 서적이 일본어였다는 현실적 이해관계 속에서 볼 때, 이는 조선사회가 일본어 사용을 자연스러운 일반 사회현상으로 받아들이기 시작했음을 의미했다.[40] 일본어 서적의 수입은 1920년대 폭발적으로 증가하여 1930년경에 이르러 일본어

일제시대 서울의 거리모습

서적이 수입된 책의 99%를 이루기도 했다.[41]

이렇게 유통된 일본어 서적은 도시를 중심으로 일본어능력을 지닌 조선인 독자들에게 폭넓게 읽혀졌다. 이들 독자들의 직업과 계층은 주로 초등학교에서 중학교 졸업 정도의 학력을 가진 도시 거주자들이 대다수를 차지했으며, 여기에 전문학교 이상의 과정을 이수했거나 여기에 준하는 학력을 지닌 층이 주로 포함되어 있었다. 도시봉급 생활자, 학생, 신여성, 엘리트 지식인 등이 대표적인 계층과 직업들이었다. 일본어 서적은 전문서적과 일반 교양서적, 오락과 문학 분야에서도 광범위하게 읽혀졌다.[42] 대중들에게 일본어 서적이 널리 읽히게 된 것은 조선총독부의 검열이 조선어 서적에는 까다로우면서 일본어 서적에 대해서는 약했던 것에도 원인이 있겠지만, 실질적으로 그만큼 일본어 서적을 읽을 수 있는 조선인들이 늘어났음을 의미한다. 즉 이는 일본어가 단순히 억압적인 지배어가 아니라, 이제 조선인들이 근대적인 일상적 삶을 살아가는데 필요한 '도구'로 자리잡고 있었음을 보여준다.

또한 1920년대 이후 조선사회의 일본어습득과 사용은 삶의 생존욕구와 사회적 지위상승에 대한 기대에서 비롯되기도 했다. 총독부에 의해 계속 포고되는 각종 법령과 규정들은 조선인의 일상적 삶을 제약했고, 이와 관련된 주요정책이 언론을 통해 알려지고 있는 상황이었다. 생존을 위해 새로운 정보를 빨리 습득하고 이해하는 것은 조선인들에게 중요한 능력이었다. 이에 더해 사회적 지위상승과 취직을 위해 높은 일본어 능력을 요구받고 있는 현실도 작용하고 있었다. 이에 대해 『동아일보』 논설(1924. 3. 10)은 다음과 같이 설명하고 있었다.

> 만 6세인 조선아동은 보통학교에 입학하면서부터 일본문 교과서를 일본어로 배워야 하며, 납세고지서 외에는 일반 법령·게시까지 일본문으로 되어 있고 조선인 전화구역 내에서도 일본어로 전화번호를 불러야 하고 정거장에서 차표를 살 때도 조선 지명을 일본어로 불러야 한다. 그 불편은 이루 말할 수 없다.

조선인들에게 일본어는 근대문물을 누리고 이해하는데 필수적인 요소가 되었고, 일본어를 습득하지 못하거나 이를 무시했다가는 시간이 갈수록 생활공간에서 행해지는 활동에 적응하지 못하고 큰 불편을 겪는 일이 심화되어 갔다. 1930년대에 들어 대중들의 문화적 욕구를 충족시킬 각종 대중 매스미디어(방송, 음악, 영화)가 발달하고 있었다. 연극·영화 그리고 라디오라는 매스미디어를 통해 일본어는 단순히 눈으로 보고 말하는 '평면적' 차원에서 벗어나, 보고 듣고 말하는 '시청각' 차원에서 더욱 빠르고 폭넓게 조선인들의 일상적 생

활 속으로 확산되어 갔다.[43]

한편 일제강점 이후 특히 1920년대~30년대에, 조선사회에도 일제가 건설한 '식민도시'를 중심으로 이른바 '자본주의적 팽창현상'이 나타났다.[44] 극단적인 빈부격차가 있었던 것은 사실이지만, 그럼에도 불구하고 '식민도시'를 중심으로 경제가 성장하고 인구성장과 함께 도시화가 빠르게 이루어지는 가운데 경제규모가 커지고 개인생산도 증대되면서 도시거주의 일부계층이 근대적 의미의 소비주체가 될 정도로 경제생활이 활발해지고 있었다.[45] 이것은 식민지배세력과 직·간접적인 관계를 맺고 생활하는 조선인들의 수와 활동폭이 커짐을 의미했고, 식민지 조선 사회에서 일본어의 습득과 사용이 자연스럽게 크게 증대되었음을 의미하는 것이었다.

이같은 현상은 일제 말기가 되면서 식민지 조선사회에서 조선어가 거의 잊혀가는 것처럼 생각될 정도로 확대되었다. 기독교 운동가와 학교 교사로 활동하던 김교신金教臣(1901~1945)의 1940년 8월 5일자 일기에는 다음과 같은 내용이 담겨 있었다.

시내 가는 길에 만원 안된 버스인데 정류장에서 기다리고 서 있는 객을 보면서도 정차시키지 않고 통과하는 차장을 향하여 야단치기를 꾀하다. 겸하여 돈 받는 일에는 '표 찍으시오(조선어)' 하면서 정류장 이름을 반드시 '죠오호꾸또오 이리구찌(성북동 입구)' 라느니 '도오쇼오 몬(동대문)' 이라느니 해서 할머님들이 내릴 데를 지나치고 아우성치게 하니 그게 무슨 심술이냐고 닦아붙이매, 137호 여차장이 그래도 자기 책임만은 아니라고 변명이었다. 1) 시골 할머니만 앉았어도 정류장 이름은 '국어(일본어)'로 하고 2) '표 찍으시오'는 조선어로 하고, 3) 스톱, 오라이는 영어로 외래어대로 사용하니 통제 시대인 이 때에 무슨 통제가 이런 통제인고?[46]

일본어 교육을 제대로 받아본 적이 없었을 것 같은 버스 차장들조차 지명을 일본어로 말하는 것이다. 나이든 사람들은 도저히 이해하지 못하지만 일본어는 이제 생활하기 위해서 반드시 알아야 할 필수사항이었다. 이는 일본어가 식민지 조선 사회의 공적 생활 영역에서 자연스럽게 생활어로 자리잡고 있음을 잘 보여준다.

식민지 시기 일본어에 대한 이해와 사용의 필요성이 현저하게 대두했으나, 이를 보다 효율적으로 배울 수 있는 기관은 보통학교 이외에는 별로 존재하지 않았다. 일본어 학습을 위한 야학이나 강습소는 조선인이 일본어를 배울 수 있는 가장 빠른 길이었으나, 교사의 수준이나 교육의 내용 등 모든 면에서 정규학교과정에 비해 비교가 되지 않을 정도로 수준이 떨어졌다. 따라서 때마침 3·1운동 이후 폭발적으로 나타난 향학열과 1930년대의 교육의 확대1面1學校는 조선인들의 일본어 습득과 사용 확대에 큰 전환점이 되었다.[47]

한편 조선인의 일본어습득 범위는 '내선일체'를 내세우며 전쟁총동원체제로 바뀌어 가는 1930년대 중반이 되면 이전에 비해 더욱 넓어진다. 여기서 '내'라 함은 일본이 제 2차 세계대전 이전에 그들의 해외식민지를 '외지外地'라 불렀던 것과 반대로 일본 본토를 가리켰던 '내지內地'의 첫 자이며 '선鮮'은 조선을 가리키는 말로, 즉 일본과 조선이 일체라는 뜻이다. 일제가 조선인들을 전쟁에 군인으로 동원하기 위해서는 조선인의 일본어 습득이 반드시 필요한 것이었기 때문에, 이제껏 일본어교육에서 거의 배제되어 왔던 농촌지역의 많은 조선인들도 일본어를 습득하고 능력이 향상되었다. 이에 따라 조선 사회의 일본어 습득과 사용 범위는 자연스럽게 확대되었다.[48]

이에 따른 문제는 강제적이던지 자발적이던지 조선인의 일본어 습득과 이용의 확산이 결국 조선인들에게 심각한 '민족 정체성'의 분열을 가져오기 시작했다는 점이다. 물론 이것은 일제가 원했던 것이나, 조선인들에게는 부지불식간에 자신의 역사와 문화 그리고 언어를 무의미하게 하고 스스로를 비하하는 태도를 형성하기 시작했다는 점에서 불행한 것이었다.[49] 이는 일본어를 매개로 한 식민지배의 논리를 무의식적으로 내면화한 결과였다. 일제의 주장은 조선인이 처한 현실은 그들 자신이 미개하고 열등하기 때문에 초래한 것이지, 결코 일본의 식민지 지배와는 전혀 관계가 없다는 것이다. 조선인임에도 불구하고 조선인의 눈이 아닌 이방인이나 제삼자의 눈으로 현실을 바라보고 외면하는 분열적 의식이 드러나기 시작했다.

이런 예는 1920~30년대 조선사회의 대표적인 지식인으로 활동한 이광수에게서 잘 살펴볼 수 있다. 두 번째 유학을 마치고 돌아와 1916년 9월 23일 『매일신보』에 기고한 「大邱에서」라는 글에서, 그는 '조선인의 저항심을 무모한 것'으로 규정하고 조선인들이 일본의 동경에 한번 다녀오고 그곳에서 신지식을 주입한다면 더 이상 무모한 저항

1930년대 이광수의 모습

심을 갖지 않게 될 것이라고 주장했다. 그의 인식은 일본 식민당국이 식민지 권력을 정당화하기 위해 표방하는 문명화 논리와 닮아 있었다. 여기에 더하여 구조적으로 일본어 사용이 강제되는 가운데 일부 조선인들이 자발적으로 일본어 사용에 적극 참여하던 1930년대 말~40년대인, 『매일신보』에 기고한 「문학의 신도표 3」(1943. 2. 7)이라는 글에서 이광수는 일본어와 조선어의 뿌리가 같으며, 조선어는 더

우월한 '국어'의 일부이기에 없어질 운명을 가진 '지방어'에 불과하다는 주장을 하기에 이르렀다.

1930년대 말에 이르러 민족문화를 대표하며 민족을 유지하는 근간으로 여겨지던 조선어에 대한 전면적 부정이 제기되었다. 경성제대京城帝大 출신의 현영섭은 조선어가 교육의 효율성·실용성이 떨어지고 조선민족의 정체성을 지니고 있기 때문에, 조선인의 완전한 일본인화를 위해서 조선어를 폐지·말살해야 한다는 극단적인 주장을 서슴없이 내놓기도 했다.[50] 이러한 주장이 일제 말기라는 시대적 상황의 강압적 분위기 아래에서 이루어졌다는 것을 감안하더라도, 미나미 총독이나 총독부 관료들은 조선어의 부정이 너무나 지나친 것이라고 보아 오히려 이를 비판할 정도였다고 한다.

식민지 조선지식인의 '분열적' 현상은 1930년대 이후 일본어로 글을 쓰는 문학가들에게서 현저하게 나타났다. 그 대표적인 사람이 장혁주張赫宙(1905~?)였다.[51] 그는 작품 활동을 일본어로 시작하였으나, 초창기만 해도 비참한 조선민족을 가슴 아파하며 민중의 비참한 삶을 널리 알리는 것을 작품 활동의 의미로 여겼다. 그러나 시간이 지나면서 "모국어를 가벼이 여긴다고 해서 수치스럽지도 않다. 현대 일본문학을 알게 되고 나서 일본어는 내게 없어서는 안될 것이 되어버렸다"하면서 일본어에 익숙해지고 자신감이 생길수록 조선인 작가의 '주체적' 의식을 상실한 채 작가로서의 눈은 민족현실과 떨어져 지배자의 눈과 감정·사고 쪽으로 현저하게 옮겨 갔다.[52]

이것은 식민지 조선사회의 이중적二重的인 언어 현실이 지닌 '분열상태'에서 비롯된 것이다. 조선인이지만 조선어가 아닌 지배어인 일본어를 사용하게 되면서 점점 자아 정체의 중심이 힘있고 지배적인 일본어로 옮겨간 결과였고, 이 과정에서 '지배 이데올로기'를 자연스럽게 내면화·규율화하게 된 것이다. 식민지 조선 엘리트 지식인들이 강요받으며 사용하던 일본어와 사회로부터 배제당하던 조선어 사이에서 방황하며 시간이 지날수록 점점 분열된 민족적 정체성과 자의식의 붕괴로 나아가고 있음을 의미하는 것이기도 했다.

이처럼 일제 강점 말기에 조선인들은 일방적으로 강요되는 일본어 습득과 사용과정 속에서 이광수와 같은 엘리트 지식인의 자발적인 참여로 인해 민족문화를 표현하는 조선어의 존재 자체가 심하게 흔들렸다. 이는 해방 전후 뿐만 아니라 상당 기간 민족적 정체성의 심각한 혼란과 갈등을 가져오는 결정적 원인이 되었다. 즉 일본어가 조선인의 민족적 정체성을 분열시키며 엘리트 지식인들을 식민지 지배체제로 흡수시키는 매개로 작용하여 일제의 동화정책 매개로서 그 역할을 충실히 감당하고 있었기 때문이다.

4. 각성覺醒과 저항抵抗의 언어

조선인들의 광범위한 일본어 습득과 사용은 일제가 기대했던 것이다. 시간이 지날수록 조선인들의 일본어에 대한 요구가 커지는 것 또한 식민당국이 의도한 방향이었다. 앞에서 살펴보았듯이, 식민지배 기간이 길어질수록 조선사회에서 일본어는 위력을 발휘했다. 식민사회에서 조선인들이 조선어에 대한 배움의 필요성을 덜 느끼고, 지배어인 일본어를 배우기를 점차적으로 원하기 시작했던 것이다. 이것은 그만큼 일본제국주의 식민동화정책에 포섭될 가능성이 높아짐을 의미하는 것이었다.

그러나 또 다른 한편으로 이런 현상에서 우리가 주목해야 할 것은 지배어 일본어가 일제의 의도와는 상관없이 식민지 현실 속에서 조선인들의 의식을 각성시키고 이들이 식민체제를 비판하고 도전하는 도구의 역할을 했다는 점이다. 언어동화를 위한 억압적 추진은 필연적으로 이에 저항하는 세력들에 직면하게 되었고, 지배어는 피지배민들이 식민지배세력에 저항하는 매개 역할을 한다.[53] 즉 정복과 지배의 언어인 일본어가 '식민지 조선'이란 역사적 현실 속에서 식민지배체제에 대항하는 '전복顚覆'의 언어가 될 수 있었던 것이다.

식민사회의 학교 기관은 식민통치 권력의 힘이 직접적으로 작용하며 일본의 동화정책이 이뤄진 현장이었다. 일본어를 통해 식민지배자의 위력을 각인시키는 무대였으며, 지배자의 문명과 문화에 압도된 조선인이 일본어를 통해 스스로 열등하거나 무능하다는 등의 부정적인 자아의식을 은연중에 주입받게 됨으로써 조선인의 정체성 혼란을 가져올 가능성이 가장 높은 공간이었다.

그러나 그와 동시에 일본어를 매개로 근대 지식과 교육체계를 습득한 조선인들은 근대적 교육의 필요성을 느끼고 식민권력이 주장하는 '황민화론'의 평등성에 입각하여 저항하기도 했다. 3·1운동 이후 조선사회는 세계개조론의 풍미와 배워야 산다는 의식의 고조 속에 향학열이 폭발되면서 '학교'가 식민지배를 위한 동화의 무대인 동시에 조선인의 힘을 키우는 곳이라는 이중적인 성격을 인정하기 시작했다. 이후 교육을 받은 조선인들은 계속해서 일본인과 평등한 단계의 더 높은 고등교육을 요구하기 시작했다. 일제가 내세운 '황민화'는 강요나 금압에 의해서가 아니라 '국어'로 표방되는 일본어를 자발적으로 학습하고 이를 습득한 자를 황민이라는 평등성에 입각하여 인식하는, '천황'이라는 주체에 의해 실현되는 '평등화'를 의미했기 때문이다. 즉 아무리 이민족이라고 해도 다른 언어에서 '국어'로 전환하면 '황민'이란 자격을 획득할 수 있었다. 황민화는 이와 같은 차별적인 언어의 동화에 의해 달성될 수 있는 자기실현 방식으로서 그 위치를 부여받고 있었다.[54]

그러나 일제는 조선인들의 요구를 모두 들어줄 수가 없었다. 조선인들의 일본어습득과 식민교육을 통한 동화를 원하면서도, 조선인들을 끊임없이 불신하며 타자화시키는 그들의 지배적인 차별의식을 포기하지 않는 한, 조선인들에게 지배세력과 동등한 최고의 고등교육을 받게 한다는 것은 도저히 받아들일 수가 없었던 것이다. 그런 의미에서 식민지 조선의 교육현장은 일본어를 매개로 한 식민지배 논리가 관철되는 장소였음에도 불구하고 식민권력의 일방적인 전유물이 아니었다. 식민권력인 일제와 조선인 간의 갈등과 대립·타협과 조정의 공간이며, 이 과정에서 조선인들이 식민체제를 비판하던 곳이기도 했다. 이는 보통학교의 입시위주 교육, 상급학교 입학난과 취업난, 때로는 식민지배에 대한 크고 작은 '일상적 저항'을 낳는 원인이 되기도 했다.[55]

경성 교동보통학교 모습

일본어를 통한 지배질서의 규율화에 가장 직접적으로 노출되어 있던 청년학생들의 일부는 일제에 저항하는 주체로 성장하기도 했다. 학교 이외에 일본어를 제대로 교육받

1920~30년대 청년학생들 및 사회운동가들 활동의 중심역할을 했던 YMCA 모습

을 수 있는 곳이 절대적으로 부족했던 젊은 청년학생들은 학교의 체계적인 일본어교육을 통해 그 능력을 비교적 쉽게 갖출 수 있었다. 아무리 식민 교육이라 해도 교육을 받게 되면 '정신적 욕구'가 커지고 '자유'에 대한 동경이 커지기 마련이다. 확대된 정신적 욕구가 식민당국의 억압과 통제로 봉쇄되면서 정치사회적 '각성'과 함께 '독립'을 갈망하는데 까지 나아갈 수 있었던 것이다.[56]

조선어 책보다는 일본어로 된 책에 쉽게 접근할 수 있었던 학생들 가운데 일부는 자유를 동경하며 정치사회적인 각성을 통해 민족주의자로 성장해 갔다. 그 결과는 바로 3·1운동의 대대적인 참여로 나타났다. 즉 2·8독립선언을 주도한 사람들과 3·1운동을 일으키고 전면에 나섰던 사람들은 1910년대 보통학교, 각종사립학교, 강습회, 야학 등을 통해 배출된 청년학생들이었다는 점에서 이 점이 더욱 분명해진다. 이만규는 조선의 사상운동을 설명하면서 '과격한 사상운동의 앞잡이로 뽑히고 거기에 중심이 되는 것은 언제나 학생층'이었음을 강조했다.

3·1운동 이후 청년학생들은 조선사회에 대량 유입되던 일본어로 된 각종 정치사회 서적들을 읽을 수 있는 기회들이 늘어났다. 『조선일보』에 「신흥사조에 몰두한 조선 청년의 독서열」(1929. 10.3)이란 제목으로 실린 기사는 이런 저간의 상황을 잘 보여준다.

일본 국내에서 출판된 다양한 사회주의 및 경제사회변혁과 관련된 서적이 식민지 조선사회에 원서 그대로 수입·소개되어 조선 청년층이 탐독하는 상황은 식민지배권력을 긴장시키는 일이 아닐 수 없었다. 물론 앞서 살펴보았듯이, 이것은 일본어로 기술된 사상 서적이 일본에서 직접 수입된 것으로 조선총독부의 검열이 심하지 않았기 때문에 가능한 일이었다.

정치·사회 관련의 서적들을 읽는 청년학생들의 의식 속에서 정치적 각성이 일어나고 식민지배체제에 대한 저항감이 고조되었다. 이 과정에서 주목되는 것은 사회주의 서적의 유입이다. 동경에 소재한 일본 출판사가 펴낸 사회주의 관련 서적이 자주 국내 신문에 광고·소개될 정도였다.[57] 학생들은 마르크스와 엥겔스의 저작선집을 비롯해 많은 정치 팜플렛과 이데올로기 문학작품들을 일본어로 직접 읽을 수 있었다. 일본어를 통한 사회주의 및 경제사회사상 서적의 독서는 1920년대에 들어 국내에 다양한 사회운동이 왕성하게 일어나는 중요한 배경이 되었음을 잘 보여준다. 이는 3·1운동 이후 청년학생층을 중심으로 일어났던 수많은 '동맹휴교'·'독서회 사건' 등의 지속적인 발기 원인이 되었다.

일본어로 기술된 서적들을 통해 민족문제나 계급문제에 대해 각성했던 상당수의 청년학생들은 사회주의운동은 물론이고 청년학생

광주학생 운동 보도기사

광주학생 독립기념탑

운동, 정치적 민족운동이나 경제적 사회운동, 농민운동, 여성운동, 신문화운동에 직접 참여하며 큰 두각을 나타냈다.[58] 일제는 조선인 학생운동의 원인 가운데 하나를 '문자라도 보았다는 자만심', 즉 일본어의 습득과 사용에서 비롯되는 '강한 자신감'이라고 보고 있었다. 식민지 조선 사회에서 지배어로 자리잡은 일본어가 청년학생들을 정치사회적 측면에서 각성시키면서 기존의 낡은 관념이나 식민지배체제에 저항하는 '도구'로 작용했던 것이다. 예컨대 1929년 11월에 일어난 광주학생운동은 단순히 한·일학생의 편싸움이 원인이었던 것은 아니다. 「독서회」를 통해 정치사회적으로 각성된 청년학생 지도층이 단순한 사건으로 끝날 수 있는 한일학생간의 충돌사건을 "민족문제" 차원으로 제기하고 이끌어 나갔고, 전국적으로 이에 호응한 각성된 청년학생들의 참여가 있었기 때문에 가능한 운동이었다.[59]

또한 1930년대 중반 중일전쟁 이후 조선인의 '모어母語'인 조선어가 공공영역에서 축출될 무렵, 지배어인 일본어를 체제에 대한 비판의 도구로 활용하는 조선인 작가들이 등장했다. 일제 말기 일본어를 사용한 우회적 글쓰기 작업을 통해 일제지배체제를 비판하고 저항했던 조선인 작가들은 한설야, 김기림, 임순득, 김남천 등을 꼽을 수 있다. 그 가운데 대표적 인물이 바로 김사량金史良(1914~1950)이다.[56]

김사량이 일본어로 창작활동을 하는 주된 기준으로 제시한 것은 어떤 "통절한 심적 동기"였다. 그렇다면 그의 통절한 심적 동기는 과연 무엇이었을까? 그것은 문단에 등단한 그가 작품 활동의 기초로 삼은 '조선의 처참한 삶의 현실'이었다.

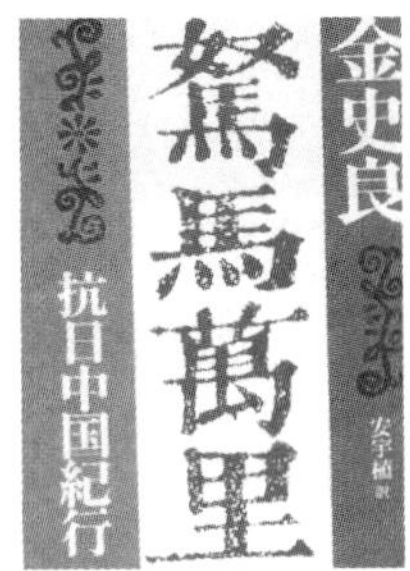

일본에서 출판된 김사량의 노마만리 표지

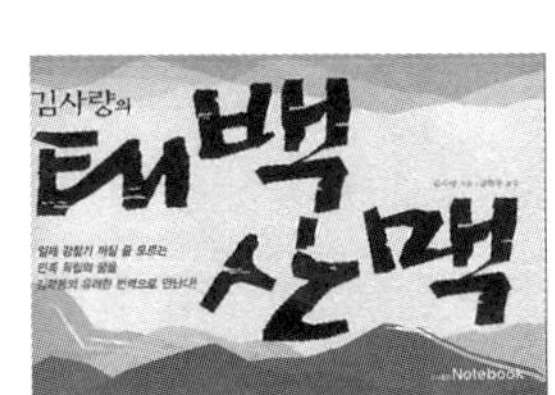

김사량이 1944년에 발표한 태백산맥 ―최근 한글로 번역된 표지모습

위 작품에서 김사량은 식민지 사회의 최하층으로 전락한 고단한 조선인의 삶을 그리면서 일제의 강점이후 자행된 경제적 수탈의 상황을 그리고 있다. 그러한 수탈에 최소한의 대항 한번 제대로 해보지도 못하고 쓰러져 가는 슬픈 조선민중의 모습을 통해 일제 식민지의 어둠을 지적하며 이를 고발하였다. 일본의 식민지가 된 지 수십 여 년이 지나 완전히 피폐되어 어디에서도 희망의 실마리를 찾기 어려워진 조선 현실을 형상화하겠다는 것이 그가 글을 쓰는 원천이었다.[62]

『토성랑』, 『지기미』, 『무궁일가』라는 작품을 통해 김사량은 일제의 끈질긴 수탈과 착취로 도태되어 가는 조선 빈민의 모습을 그리며, 생존마저 위협받는 비극적인 조선 민중의 삶이 일제가 구축하는 식민지의 현실에서 비롯되고 있음을 말하고 있다. 이와 함께 『천마』라는 작품에서는 일제 '내선일체'의 구체적인 정책이었던 일본어 창작 문제와 창씨개명 문제를 다루면서 궁극적으로 내선일체 그 자체를 비판했다.[63]

그리고 나서 갑자기 또 살기등등한 단말마의 투우처럼 무서운 기세로 달려서, 한 집 한 집 대문을 두드리고 다니기 시작했다.
"이 내지인(필자주-일본인)을 살려줘, 살려달라고!"
그는 숨을 헐떡거리면서 울부짖는 것이었다. 그리고 또 다른 집으로 뛰어가서 대문을 두들겨 댄다.
"열어 줘, 이 내지인을 들여보내 줘!"
또 뛰기 시작한다. 대문을 두드린다.
"이제 나는 센징이 아냐! 겐노가미 류우노스케다. 류우노스케다! 류우노스케를 들여보내 달라고!"
어디에선가 천둥이 우르르르 으르렁거리고 있었다.

위 작품에서 김사량은 내선일체를 충실히 따르며 일본어 창작과 창씨개명을 통해 일본인이 되고자 하는 '현룡'이란 조선의 지식인을 주인공으로 '풍자화'라는 우회적 글쓰기를 통해 현실의 모순을 신랄하게 공격했다. 여기서 우회적 글쓰기란 겉으로는 내선일체를 비판하는 것이 아니라 내선일체를 잘못 인식시킬 수 있는 인물을 비판하는 것처럼 내보이는 글쓰기를 말한다.[64] 스스로 '내지인'이라고 아무리 목청 높여 주장해도, 정작 일본인들은 거들떠 보지도 않고 인정하지도 않는다. 내선일체라는 구호가 일제의 허울좋은 이율배반의 모습임을 날카롭게 드러내며 이를 비판하였던 것이다. 중일전쟁 이후 대부분의 조선인 작가들이 일제의 식민정책에 적극 협력할 것을 주장하며 내선일체를 비롯해 식민주의정책을 적극 내면화할 것을 주장하고 일본어로 작품 활동을 한 반면, 식민지배정책에 협력하지 않았던 김사량과 같은 인물은 지배어인 일본어를 도구로 하는 '우회적' 글쓰기 방식으로 식민지배체제에 저항했던 것이다.

한편 조선의 민족주의자들은 조선총독부의 일어동화정책에 대응하여 한글보급운동을 펼치기 시작했다. 이들 언어 민족주의자들은 일제의 언어정책이 궁극적으로 조선어의 말살을 목표로 하고 있다는 사실에 위기감을 갖고 이를 비판하면서 '민족통합'의 도구로 한글체계의 확립 및 보급운동에 나서기 시작했다. 강압적인 학교교육을 기초로 1920년대~30년대에 이르러 조선사회에서 일본어가 언어헤게모니를 장악하는 것에 '민족 정체성'의 위기감을 느낀 조선인들은 조선민족의 언어를 개념화하고 규범화하는 운동을 통해 본격적으로 '저항'하기 시작했다. 일본어를 통해 근대문명을 배우고 익힌 조선인들은 민족어의 '배제'를 전제로 확대되는 식민지배자의 언어정책을 직접적으로 체험하면서 '민족어'의 중요성을 더욱 철저하게 직시하게 되었다. 여기에서 이들은 조선어의 철자법 통일이 조선 문화의 향상과 보급을 담보하는 것임을 깨닫고, '조선어의 장래'를 결정짓는 관건이라는 인식 아래 한글운동에 임하였다.

이처럼 민족문화와 민족어의 보존을 표방한 한글운동도 지배와 피지배의 역학관계에 대응하는 움직임 속에서 일정 정도 이루어지고 있음을 알 수 있다. 다음의 글은 이런 성격을 잘 보여준다.

> 언어言語란 것은 그 민족民族의 정신적精神的 산물産物이다. 그러므로 각 민족民族의 정신적精神的 특성特性이 서로 다름을 따라, 그 말이 또한 같지 아니하다.……언어言語로써 그 민족民族 국민國民의 특성特性을 찰지察知할 수 있는 것이다……민족民族의 정신精神 활동活動은 그 특유特有의 언어言語를 낳고, 그 언어言語는 또 그 민족民族의 정신精神을 도치陶冶하며, 민족감民族感을 공고鞏固히 결합結合하는 것이다.[65]

최현배

위의 글은 일제 강점기 당시 한글운동의 중심에 서 있던 최현배崔鉉培(1894~1970)의 글로, 마치 유명한 우에다 카즈토시의 '일본어는 일본인의 정신적 혈액이며, 일본의 국체가 이 정신적 혈액을 주로 하여 유지된다'는 일본어의 '정신적 혈액론'을 보는 것 같다.

언어=혈액이란 독특한 논리 속에서 일본어를 절대화하며 조선어를 끊임없이 차별하고 배제하려는 일제의 언어동화정책에 맞서 한글운동을 전개하던 조선 민족주의자들의 논

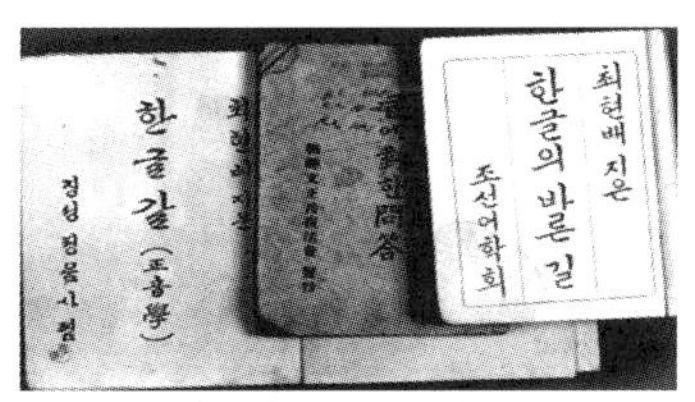

한글보급운동 교재들

리 방식이 일제의 그것과 매우 닮아 있음을 보여준다.[66]

한글운동이 본격화 된 1930년대 초에는 언어와 민족을 불가분의 관계로 보는 근대 일본의 언어관과 함께 서구의 언어관도 적극 수용되고 있었다. 예를 들어 당시 한글운동을 펼치던 김선기는 민족어에 최고의 가치를 부여하는 피히테의 언어관을 적극 소개하고 이를 주장했는데, 피히테의 언어관이 독일민족의 우월주의를 합리화하는 제국주의 논리구조를 가지고 있었다는 점에서 시사하는 바가 크다고 생각된다.

이처럼 조선의 언어민족주의자들은 식민당국이 일본어를 매개로 식민지인을 동화시키려고 했던 것과 거의 동일한 방식으로 '한글'을 민족 구성의 핵심요소로 규정하고 어문일치를 통해 조선인을 통합함으로써 일본 제국주의에 대항했다. 예컨대 조선의 문화적 민족주의자들은 일제의 강력한 언어동화정책에 맞서 한글을 매개로 하는 '민족통합', '문화통합'을 내세우는 민족적 논리를 강화하며 식민지배 권력에 대응했던 것이다. '언어와 민족은 불가분의 관계'라는 제국주의의 논리가 아이러니하게도 식민지 조선사회에서 식민지배체제에 대한 날카로운 조선인들의 '저항' 담론을 만들어 내고 있었다.

5. 일본어가 남긴 아픈 기억의 흔적들

19세기말부터 일제는 대외적으로 팽창하는 과정에서 침략의 논리인 '문명화'와 동화라는 명제를 상황에 따라 내세우며 자신을 절대화시켰다. 근대적 군사력이 장악한 공간에 통치기구를 설치하고 일본어를 매개수단으로 '일본 제국'의 기반을 확충하며 동화의 목표를 달성하고자 했다.

식민지 조선에서 실시한 조선총독부의 언어정책은 통계상 그렇게 크게 실효를 거두지 못했다. 1913년~32년 까지의 일본어 보급율은 전 조선인의 10%에도 미치지 못하는 수준이었다. 이런 통계는 일본어보급율이 식민지 교육의 대상이었던 학생층, 또는 엘리트 지식인들을 제외한 조선의 민중들에게 제대로 침투하지 못했음을 보여준다. 물론 1920~30년대에 광범위한 일본어습득과 사용 현상이 나타나고 있지만, 전체 조선인의 소수에 불과한 도시중심의 보통학교 이상의 학력을 지닌 조선인들에게만 한정된 것이었다. 1930년대 말 조선인의 '전쟁동원'이란 목적 속에서 보통학교의 취학율이 높아지면서 조선인 아동들의 일본어 습득 기회가 많아졌다. 일본어보급을 위해 물리적 강제를 동원한 '일본어상용화정책'에 힘을 쏟았던 1942년 말의 통계를 보면 일본어를 이해하는 자의 비율이 19.9%였고, 1945년에는 30%에 가까운 보급률을 기록하고 있다.[67]

이런 수치가 나온 배경에는 여러 원인이 있었다. 가장 근본적인 원인은 조선인의 의식구조를 완전하게 일본인화 시킨다는 것이 현실적으로 불가능한 일이었다는 점이다. 일제가 일본어의 사용과 생활을 강조한 목적은 단지 말의 문제만이 아니라 의식과 문화·삶의 분열을 일본정신, 문화생활, 관습에 의해 통합시키려는 본질적인 목적이 내포되어 있었고, 궁극적으로 '싸움이나 잠꼬대도 일본어로 하는' 상태로까지 만들려고 의도했던 것이다.

그러나 극단적인 일본어 생활의 강요와 현실 사이에 격차는 너무나 클 수밖에 없었다. 식민지 조선인들에게 일본어는 여전히 '낯선' 언어였기 때문이다. 아무리 조선민중 속에 파고들려 해도 결국에는 조선인들의 저항이라고 하기에는 너무나 일상적·토착적·보편적이지만, 전혀 손쓸 수 없는 '민족의 벽'에 부딪칠 수밖에 없었던 것이다. 이는 수천 년 동안 단일한 공동체 속에서 사용해 왔던 조선인들의 언어를 단시간 내에 완전히 바꾸어 식민지 조선인들을 일본인화한다는 발상이 얼마나 오만함의 극치였는지를 잘 보여준다.

또한 언어를 통한 일제의 동화정책은 식민지 조선사회에서 현실적으로 달성되기에 매우 큰 문제를 안고 있었다. 일제는 동화정책을 통해 식민지배 세력과 피지배인의 융합을 추구하면서도, 실제로는 융합할 수 있는 상황을 거의 만들지 않았기 때문이다. 조선인이 일본의 문화를 받아들이고 일본어를 아무리 유창하게 사용한다 하더라도, 일본인들은 조선인들의 동화를 진정으로 믿지 않았고 조선인들에 대한 차별 대우를 너무나 당연한 것으로 여겼다. 일제의 조선인들에 대한 차별적 태도와 인식은 일본어 습득과 사용으로 일본제국의 일원으로서의 지위와 권리·의무를 행사하고자 했던 조선인들에게 지속적으로 지배자와 피지배자간의 차별을 느끼고 감수하도록 한 것이다. 일제는 관념적으로 평등을 주장했으나 식민지 현실에서는 여전히 차별이 지속·강화되었다. 이는 조선인들을 미개하고 열등한 존재로 보고, 자신들만이 우월하다는 일제의 인종주의적 태도에서 비롯된 차별이었다.[68] 일제는 동화를 주장하면서도 진심으로 동화를 믿지 않았고, 식민지인과의 차별성을 강조하며 배타적인 시선에 머물러 있었던 것이다.

동화정책의 성공을 위해서는 지배자와 피지배자의 융합이 전제되어야 하고, 식민지인들에게도 본국인과 같은 권리와 의무를 부과하여 궁극적으로 문화의 동질감을 확립하는데 목표를 두어야 했다. 그러나 일제는 궁극적으로 한국인의 완전한 일본인화를 추구하면서도 조선인들의 문화와 언어 등을 미개한 것으로 인식하고 능력을 의심

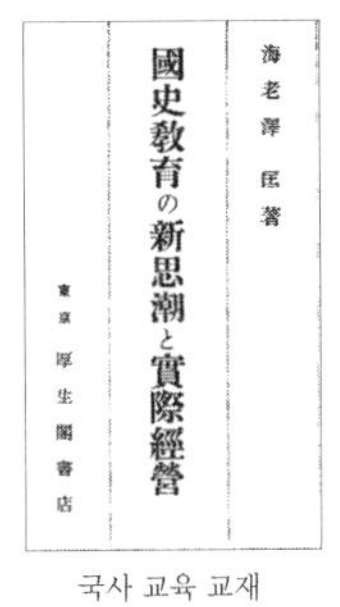

국사 교육 교재

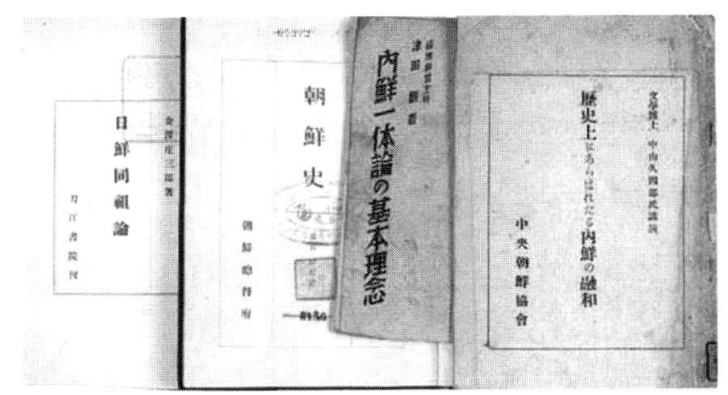

한국 역사 왜곡 서적

하며 일본인과 일한 권리나 의무를 부여하지 않았던 것이다. 결과적으로 식민지 조선사회가 일제와의 문화적 통합을 현실적으로 이루지 못하게 되자, 일제는 점차적으로 제도적인 강제력을 더욱 강화시켜 일본어보급을 추진하게 되었다. 여기에 대한 조선인들의 반발은 커질 수 밖에 없었다.

다음으로 조선은 오랜 기간 동안 강력한 중앙집권적 국가를 이루어 왔고 독자적인 언어와 문화에 대한 자긍심을 가진 민족으로, 일본문화에 대한 상대적 우월감을 지니고 있었다는 것이 또다른 원인의 하나이다. 일제가 군사력을 동원해 조선인의 저항을 진압하고 식민지 전 기간 동안 조선인에 대한 차별적인 태도로 일관한 데서도 볼 수 있듯이, 조선인의 내면 깊숙이 반일감정이 자리 잡고 있었던 점도 커다란 원인이라 할 것이다. 특히 조선인들은 일제 말기 물리력을 동원한 강제적 일본어보급에 심한 반감을 갖고 있었던 것도 그 배경이었다. 또한 1930년대에 들어 활기를 띤 조선의 민족문화운동과 언어를 중심으로 하는 민족주의적 활동과 사상의 영향이 일본어보급을 어렵게 만든 원인으로 지적될 수 있을 것이다.

결과적으로 일제 말기에 더욱 강화된 일본어보급율이 전 조선인들을 대상으로 한 최대 추정치조차 30%를 넘지 못하고 있는 것을 보면, 조선에서의 언어정책은 그다지 성공한 정책으로 볼 수 없을 것이다. 이는 엘리트 지식인층을 제외하고 대다수의 일반 조선 민중에게 일본어가 제대로 침투하지 못했음을 의미한다.

그러나 이런 통계는 수치에 불과하다. 사실상 당시 조선인의 약 80%가 농촌에 거주하는 농민들이었다는 점을 감안하면, 근대 문화생활을 향유하고 재생산의 구조 중심에 위치한 도시에 거주하는 상당수의 조선인들이 일본어를 이해하고 사용할 수 있었고, 농촌에 거주하는 농민들 가운데도 지도자급 인사들 상당수가 일본어를 이해하고 사용할 수 있었음을 보여주기 때문이다. 이러한 현실은 일본어 습득과 사용 속에서 식민지배의 가치나 자기비하적인 분열적 인식을 강하게 내면화한 조선인들, 특히 어떤 확고한 사고방식이 아직 형성되지 못한 10대에 집중적으로 언어동화정책에 완벽하게 노출되었던 청소년들의 사고思考 형성에 큰 영향을 미쳤다.

이들이 해방 이후 한국사회의 엘리트 지식인으로 자리 잡아 문화적 헤게모니를 장악하였고, 그들에게 내면화된 식민지 의식들이 각종 문화적 담론 및 매체들을 통해 재생산 및 복제되고 있는 점을 보면, 일제의 언어동화정책은 장기적으로 성공한 것이었다고도 볼 수 있을 것이다. 비록 일제의 언어동화정책이 조선인을 완전하게 일본인화 하는데 최종적으로는 실패했으나, 그 과정에서 조선인들의 정신과 문화·생활관습의 분열적 현상을 야기하였고, 이후 지속된 공동체성의 분열성이 지금까지 한국인들의 역사에 부담이 되고 있다는 점에서 그 정책은 부분적으로 '성공' 했다고도 볼 수 있을 것이다. 일제의 성공은 조선인들에게 실패를 의미한다는 사실은 해방 이후 6·25전쟁을 거치며 한국사회에 큰 굴레로 자리 잡았다.

　1945년 8월 15일, 드디어 한국은 일제의 압박에서 벗어나 독립했다. 동시에 식민지배체제 차원에서 강제되던 일본어는 이 땅에서 '국어'로서의 유효성을 완전히 상실하게 되었다. 강한 물리력에 의해 유지되어 왔던 일본어교육은 식민지배세력이 몰락함에 따라 하루 아침에 '외국어'의 위치로 추락했다. 이러한 위치마저도 식민지에 대한 모멸감과 함께 우리 사회에서 장기간 동안 공식적으로 사라지게 되었다.

　반면 식민지 전 시기 동안 '미개한' 민족의 언어로 규정되어 멸절 위기까지 내몰렸던 한국어는 독립과 함께 국어의 자리로 부활했다. 한글은 자연스럽게 한국의 유일한 언어이자 민족 공통의 언어로 자리 잡게 되었다. 빠르게 한글이 국어로 자리 잡았던 것은 식민지시기에 강하게 내면화된 모어 관념 때문이었다. 식민지시기에 사용되었던 일본어가 조선인을 엘리트 지식인계급이나 사회지위의 상승의 길로 인도하는 공적 도구로 받아들여지는 가운데, 한국어는 가정의 언어·유년시절의 언어로 내재화되기 시작했다. 물리력이 동반된 일본어보급의 강제라는 외부 충격 속에서 한국어는 고유의 언어라는 관념적이면서도 실체적인 모습을 갖게 되었던 것이다.[69]

　일본어에 대한 강력한 반작용 속에서 한글이 본래적이고 자연스러운 모습을 갖게 되면서 모어의 실체적인 관념이 형성되었다. 일제 말 식민지배 권력이 한국어에 대한 억압과 배제를 강화 할수록 이런 모어의 관념이 더욱 구체화되었고 한국인들의 정서 속에 강력하게 내면화되어 갔던 것이다. 이러한 강력한 모어 정서를 기초로 1949년 의무교육제도가 법제화되면서 한글을 통한 문맹퇴치가 국가 차원으로 이루어져 갔다. 이와 함께 교육의 기회가 급격하게 팽창했고, 초등교육은 완전 취학율에 근접하였고, 중등과 고등교육 또한 급속한

팽창이 가속화 되었다.[70]

이러한 교육 팽창과 함께 한국어는 식민시기 일본어를 대신해서 '국어'로서 그 지위를 차지하게 되었던 것이다. 같은 일제의 지배를 받았던 대만과 달리 한국에서는 한국인을 결속하고 통합하는 언어로 '국어'가 큰 어려움 없이 빠르게 정착될 수 있었다.

그런데 일제의 식민지배가 1945년 8월 15일 끝났지만 정치적 해방이 되었다고 해서 식민지배를 받았던 한국인이 바로 진정한 자아를 되찾는 다는 것은 어려운 일이었다. 일본 식민주의의 수단이었던 일본어의 영향력은 해방 이후에도 지속되어 한국인들에게 '문화의 힘'으로 작용하고 한국인의 '정체성'에 부정적인 영향을 미쳤다. 일본어를 통해 형성되고 내면화 되었던 식민지적 패배주의와 열등감은 고스란히 지속되어 문화적 정체성을 확립하는데 커다란 혼란을 가져왔다. 일본 제국주의 세계관이나 가치·이념을 내면화한 지식인들이 해방 이후 '문화적 헤게모니'를 장악함으로써, 식민주의적 의식이나 가치·세계관 등은 계속해서 지속되었다.

> 망각하고 극복해야 할 언어를 통하지 않고는 배우고 닮아야 할 문학과 접속이 안 되는 게 엄연한 현실이었다. 더군다나 나는 일본어를 통해 문학적 감성이 길들여진 세대였다. 일제 시대라면 지긋지긋한 것도 사실이지만 일본말을 거의 모국어 수준으로 할 수 있게 되고 나서 해방이 된 걸 행운으로 여길 정도로 해방 후에 오히려 더 본격적으로 일본소설의 감칠맛에 매료되었다. 일본어판 세계문학전집을 섭렵한 건 어느 정도는 지적 허영심이었지만, 일본인의 일본문학을 읽는 건 이미 중독된 쾌락이었다. 우리나가 미군정을 벗어나 정식 독립국가가 되었을 무렵이었고, 나는 대학입시를 앞두고 있었다. 성인이었다.[71]

위의 글은 한국문학의 대표적 작가인 박완서의 일본어 수용·체험에 관한 '자전적' 이야기이다. 일제의 언어동화정책이 전면적이면서도 강압적으로 실시되던 1930년대 말에 10대였던 그는 보통학교를 다니며 갖은 모멸감과 고통 속에서 일본어를 배웠고,이후 해방과 한국전쟁 상황에서의 궁핍한 문화적 욕구 해결을 위해 일본어로 서술된 일본문학에 심취하며 문학적 세계를 구축해 갔던 사실을 밝히고 있다. 그는 나라가 정치적 독립을 이루었다 하더라도 한국어보다 여전히 일본어가 편하고 익숙한 언어였으며, 문학적 세계를 구축하는데 결정적인 영향을 미치고 있었음을 말하고 있다.

그는 1997년 프랑스에서 주최한 한국문학 포럼의 인터뷰에서 가장 영향을 받은 외국작가에 대한 질문을 받았을 때, 가장 영향 받은 일본작가들을 슬쩍 건너 뛰어버렸다고 회고하고 있다.[72] 해방된 지 60여년이 지났지만 일본어를 통해 각인된 식민주의의 잠재된 기억이 문득 부끄러운 감정으로 되살아난 것이다. 과거 일본문학가로부터 영향을 받았음을 솔직하게 밝히지 못하는 그의 태도는 여전히 식민주의의 기억·의식으로부터 자유롭지 못함을 적나라하게 보여준다. 이것은 '우리의 독립이 정치적·경제적 지배와 착취의 해방일 뿐, 진정한 식민지적 기억으로부터 해방되기가 쉽지 않음'을 상징적으로 보여주는 예일 것이다.[73]

일제 강점기에 태어나 한국의 전통과 문화와 거의 단절된 채 가장 강력하고 집중적이었던 일제 말기의 일본어교육을 받은 10대~20대 세대들은 해방 이후 6·25전쟁을 거치며 우리 사회의 주도층으로 등장했다. 일본어로 교육받고 책을 읽고 사고하며 성장했던 이들은 위에서 예로든 작가 한사람 만이 아니다. 해방된 지 60여년이 지났지만, 한국사회 곳곳에서 일본어로 우리 의식 속에 규율화되고 내면화된 수많은 식민주의의 가치나 이념들은 눈에 잘 보이지 않지만 여전히 우리의 문화적 삶 속에 행사되고 있다. 지배어 일본어를 통해 식민지배자의 가치관과 세계관·문화적 규범들을 받아들이고 지배자의 사유체계를 자기화하며, 토착적인 문화와 정체성을 '문명화'·'근대화'의 이름으로 무시하거나 경멸하는 '의식의 식민화'를 경험한 사람들을 통해 오늘날 우리 사회에 식민지적 잔재가 잠재하고 계승되고 있는 것이다.

1 일제의 동화정책에 대해서는 淺田喬二, 『日本知識人の植民地認識』, 校倉書房, 19
85, 13쪽 ; 伊東昭雄, 『アジアと近代日本』, 社會評論社, 1990, 150쪽; 김경일,
「일제의 식민지배와 동화주의」, 『한국사회사상사연구』, 나남출판, 2003,
354~355쪽 ; 崔錫榮, 『일제의 동화이데올로기의 창출』, 書景文化社, 1997 ; 保
坂祐二, 『日本帝國主義의 民族同化政策 分析 -朝鮮과 滿洲, 臺灣을 중심으로-』,
J&C, 2002의 연구가 주목할 만하다.

2 박지향, 『제국주의-신화와 현실』, 서울대학교 출판부, 2000, 279쪽.

3 식민주의와 언어의 일반적 관계에 대해서는 이성연, 「열강의 식민지 언어정책에
관한 연구」, 전남대 대학원 국어국문학과 박사학위논문, 1988, 7~12쪽 ; 쓰다 유
키오 지음, 김영명 옮김, 『영어지배의 구조』, 한림대학교 출판부, 2002 ; 루이-
장 칼베, 김병욱 옮김, 『언어와 식민주의』, 유로서적, 2004를 참조할 것.

4 李明花, 「朝鮮總督府의 言語同化政策 -皇民化時期 日本語常用運動을 중심으로」,
『한국독립운동사연구』9, 1995 ; 崔由利, 「日帝末期 皇民化政策의 性格 -일본어
보급운동을 중심으로」, 『한국근현대사연구』2, 1995 ; 崔由利, 『日帝 末期 植民地
支配政策研究』, 國學資料院, 1997 ; 이명화, 「한말 일제의 일본어 보급 실태」,
『충북사학』11·12, 충북대, 2000 ; 朴舜愛·裵鍾珏, 「일제말 국어보급운동의 전
말」, 『일본어문학』12, 일본어문학회, 2000 ; 김형목, 「1910년대 동화정책과 사립
경성유치원」, 『한국민족운동사연구』28, 한국민족운동사학회, 2001 ; 신주백,
「일본의 동화정책과 지배전략」, 『일본과 서구의 식민통치 비교』, 선인, 2004.

5 石剛, 『植民地支配と日本語』, 三元社, 1993; 李姸淑, 『國語という思想 -近代日
本の言語認識』, 岩波書店, 1996 ; 駒込武, 『植民地帝國日本の文化統治』, 岩波書
店, 1996 ; 安田敏朗, 『植民地のなかの'國語學'』, 三元社, 1998 ; 코모리 요이치
지음, 정선태 옮김, 『일본어의 근대 : 근대 국민국가와 '국어'의 발견』, 서울, 소
명출판사, 2003. 사카이 나오키, 『사산되는 일본인·일본어』, 문화과학사, 2003
; 미우라 노부타카·가스야 게이스케 엮음, 이연숙·고영진·조태린 옮김, 『언어
제국주의란 무엇인가』, 돌베개, 2005.

6 유에다 가즈토시(上田万年), 久松潛一 編, 『明治文學全集』44, 筑摩書房, 1968, 1
10~111쪽. ; 코모리 요이치 지음, 정선태 옮김, 위의 책, 195쪽.

7 學部, 『韓國敎育ノ旣往及現在』, 1910, 28~29쪽.

8 「皇國臣民タルノ自覺ノ徹底」, 『文教の朝鮮』, 1938년 3월, 3쪽.

9 宮田節子 著, 李熒娘 譯, 「황민화 정책의 구조」, 『韓國民衆과 「皇民化」정책』, 一潮閣, 1997참조.

10 F. A. 매켄지, 신복룡 역주, 『한국의 독립운동 Korea's Fight for Freedom』, 1999, 97쪽.

11 大野謙一, 『朝鮮敎育問題管見』, 朝鮮敎育會, 1936, 53쪽.

12 이준식, 「1920~40년대의 대학 제도와 학문 체계」, 『지식변동의 사회사』, 2003, 192~195쪽.

13 時枝誠記, 「朝鮮に於ける國語政策及び國語敎育の將來」, 『日本語』 2권 8호, 1942, 60쪽.

14 畏本繁吉, 「敎化意見書」, 1910, 17~19쪽.

15 弓削幸太郎, 『朝鮮の 敎育』, 1923, 189~190쪽.

16 渡部學, 「韓國敎育における二言語主義」, 『韓』 21, 한국연구원, 1973, 50쪽.

17 鄭在哲, 『日帝의 對韓國 植民地敎育政策史』, 一志社, 1985, 311쪽.

18 김형목, 「1910년대 야학의 실태와 성격 변화」, 『국사관논총』 59, 국사편찬위원회, 2000, 191~193쪽.

19 「恨不語學」, 『매일신보』 1910년 9월 7일.

20 김형목, 「1910년대 동화정책과 사립경성유치원」, 『한국민족운동사연구』 28, 한국민족운동사학회, 2001, 121~123쪽.

21 弓削幸太郎, 위의 책, 261~262쪽.

22 李姸淑, 「近代日本과 言語政策」, 『大學報』 제22집, 1989, 3~4쪽.

23 미쓰이 다카시, 「植民地下 朝鮮에서의 言語支配」, 『韓日民族問題研究』 제4호, 2003 참조.

24 「朝鮮人敎育に就して, 『朝鮮敎育硏究會雜誌』 45, 1921. 1919. 6.

25 朝鮮總督府學務局, 『國語普及の狀況』, 1921.1.

26 오성철, 『식민지 초등교육의 형성』, 교육과학사, 2000, 24~27쪽.

27 오성철, 위의 책, 112~118쪽.

28 朴慶植, 『日本帝國主義의 朝鮮支配』, 청아출판사, 1986, 335~339쪽.

29 朝鮮總督府學務局, 『簡易學校經營指針』, 1934, 4쪽.

30 朝鮮總督府學務局, 『朝鮮社會敎育要覽』, 1941, 62쪽.

31 朴舜愛 · 裵鍾珏, 「日帝末 國語普及運動의 顚末」, 『日本語文學』12, 2000, 9~14쪽.

32 崔由利, 『日帝 末期 植民地 支配政策硏究』, 148~149쪽.

33 李明花, 「朝鮮總督府의 言語同化政策」, 283~2. 84쪽.

34 河野六郎, 「國語生活運動に望む」, 『國民總力』, 1944년 3월 1일, 13쪽.

35 루이-장 칼베 저, 김병욱 역, 『언어와 식민주의』, 유로서적, 2004, 85~87쪽.

36 민족문제연구소, 『친일파란 무엇인가』, 아세아문화사, 1997 참조.

37 김형목, 『1910년대 동화정책과 사립경성유치원』, 123~136쪽.

38 일본유치원협회, 『幼兒の敎育』, 일본유치원협회, 1917, 394~95쪽 ; 김형목, 19

10년대 동화정책과 경성유치원」, 136쪽 재인용.

39 일제의 도서검열에 대해서는 김근수 편, 『일제치하 언론출판의 실태』, 영신한국
학아카데미, 1974를 참조.

40 『조선일보』, 1929년 10월 23일; 김한용, 「조선문단 진흥책」, 『조광』 3호, 1936
년 1월호.

41 천정환, 『근대의 책읽기』, 푸른 역사, 2003, 228쪽.

42 천정환, 위의 책, 227~236쪽.

43 신명직, 「식민지 근대도시의 일상과 만문문화」, 『일제식민지배와 일상생활』, 혜
안, 2004, 320~327쪽.

44 하시야 히로시 저, 김제정 역, 『일본제국주의 식민지 도시를 건설하다』, 모티브,
2005 참조.

45 신명직, 『모던ᄬ이 경성을 거닐다』, 현실문화연구, 2003을 참조.

46 백승종, 『그 나라의 역사와 말』, 궁리, 2002, 262~263쪽.

47 오성철, 위의 책, 86~91쪽.

48 崔由利, 앞의 책, 156쪽.

49 정재철, 「교육정책」, 『한민족독립운동사』 5, 국사편찬위원회, 1990, 281~282
쪽.

50 김민철, 「현영섭」, 『친일파 99인』 (2), 돌베개, 1993.

51 그에 대해서는 白川豊(시라카 유타카), 「장혁주의 생애와 문학」, 『人文論叢』, 서
울대학교 인문학연구소, 2002, 59~78쪽을 참조할 것.

52 서은혜, 「김사량(金史良)의 민족아에 관하여」, 『한국근대 지식인의 민족적 자아 형성』, 小花, 2004, 287~291쪽.

53 루이-장 칼베 저, 김병욱 역, 위의 책, 108~114쪽.

54 코모리 요이치 저, 정선태 역, 앞의 책, 315~316쪽.

55 윤해동, 「식민지 인식의 '회색지대' :일제하 공공성과 규율권력」, 『당대비평』13, 삼인, 2000년 겨울호 참조.

56 吳天錫, 『韓國新教育史』, 現代教育叢書出版社, 1964, 242~243쪽.

57 이기훈, 「독서의 근대, 근대의 독서-1920년대의 책읽기」, 『역사문제연구』 7, 2001, 35쪽.

58 일제하 청년운동에 대해서는 한국역사연구회 근현대청년운동사 연구반 지음, 『한국근현대 청년운동사』, 풀빛, 1995 참조.

59 광주학생운동에 대해서는 광주학생독립운동동지회, 『光州學生獨立運動史』, 光州學生獨立運動同志會, 1996 ; 한국역사연구회 · 전남사학회 공편, 『광주학생운동연구』, 아세아문화사, 2000 참조.

60 안우식 지음, 심원섭 역, 『김사량 평전』, 문학과 지성사, 2000.

61 김사량 지음, 이상경 역, 「토성랑」, 『김사량 작품집 노마만리』, 동광출판사, 1989, 17쪽.

62 서은혜, 「김사량(金史良)의 민족아에 관하여」, 279~280쪽.

63 김사량 지음, 김재용 · 김미란 · 노혜경 편역, 「천마」, 『식민주의와 비협력의 저항』, 역락, 2003, 281쪽.

64 김재용, 『협력과 저항』, 소명출판, 2004, 241~261쪽.

65 崔玄培, 『朝鮮民族 更生의 道』, 동광당서점, 1930. (중판, 정음사, 1987), 117~1
18쪽.

66 김하수, 「제국주의와 한국어 문제」, 『언어제국주의란 무엇인가』, 돌베개, 2005,
486~490쪽.

67 崔由利, 앞의 책, 159~160쪽.

68 박지향, 『일그러진 근대』, 푸른 역사, 2003, 278~285쪽.

69 鄭百秀, 『韓國近代의 植民地體驗 二重言語 文學』, 아세아문화사, 2000, 22~25
쪽.

70 김기석·강일국, 「1950년대 한국교육」, 『1950년대 한국사의 재조명』, 2004 참
조.

71 박완서, 「내 안의 언어사대주의」, 『두부』, 창작과 비평사, 2002, 189쪽.

72 박완서, 위의 글, 196~197쪽.

73 이옥순, 『여성적인 동양이 남성적인 서양을 만났을 때』, 푸른역사, 1999, 187~
191쪽.

참고문헌

1. 자료

『每日申報』,『東亞日報』,『朝鮮日報』,『朝鮮中央日報』,『朝外日報』,『朝光』

「朝鮮人敎育に就して」,『朝鮮敎育硏究會雜誌』45, 1919. 6.

「皇國臣民タルノ自覺ノ徹底」,『文敎の朝鮮』, 1938년 3월.

慶尙北道警察部,『高等警察要史』, 1934.

弓削幸太郎,『朝鮮の 敎育』, 1923.

上田万年,「國語と 國家」(1894) (久松潛一 編,『明治文學全集』44, 筑摩書
　　　　房, 1968).

時枝誠記,「朝鮮に於ける國語政策及び國語敎育の將來」,『日本語』2권 8호,
　　　　1942.

畏本繁吉,「敎化意見書」, 1910.

日本幼稚園協會,『幼兒の敎育』, 日本幼稚園協會, 1917.

朝鮮敎育大觀社,『朝鮮敎育大觀』, 1930.

朝鮮總督府 學務局,『簡易學校經營指針』, 1934.

朝鮮總督府學務局,『國語普及の狀況』, 1921.1.

朝鮮總督府學務局,『朝鮮社會敎育要覽』, 1941.

河野六郎,「國語生活運動に望む」,『國民總力』, 1944년 3월 1일.

學部,『韓國敎育ノ旣往及現在』, 1910.

F. A. 매켄지 지음, 신복룡 역,『한국의 독립운동 Korea's Fight for Free
　　　　dom』, 집문당, 1999.

『김사량 작품집 노마만리』, 동광출판사, 1989.

김근수 편, 『일제치하 언론출판의 실태』, 영신한국학아카데미, 1974.

朴慶植, 『日本帝國主義의 朝鮮支配』, 청아출판사, 1986.

박완서, 「내 안의 언어사대주의」, 『두부』, 창작과 비평사, 2002.

吳天錫, 『韓國新敎育史』, 現代敎育叢書出版社, 1964.

崔玄培, 『朝鮮民族 更生의 道』, 동광당서점, 1930. (중판, 정음사, 1987)

『식민주의와 비협력의 저항』, 역락, 2003.

2. 논저

駒込武, 『植民地帝國日本の文化統治』, 岩波書店, 1996.

김경일, 「일제의 식민지배와 동화주의」, 『한국사회사상사연구』, 나남출판,
　　　2003.

김재용, 『협력과 저항』, 소명출판, 2004.

김형목, 「1910년대 야학의 실태와 성격 변화」, 『국사관논총』 59, 국사편찬
　　　위원회, 2000.

김형목, 「1910년대 동화정책과 사립경성유치원」, 『한국민족운동사연구』 28
　　　, 한국민족운동사학회, 2001.

渡部學, 「韓國敎育における二言語主義」, 『韓』 21, 한국연구원, 1973.

루이-장 칼베, 김병욱 옮김, 『언어와 식민주의』, 유로서적, 2004.

미쓰이 다카시, 「植民地下 朝鮮에서의 言語支配」, 『韓日民族問題研究』 제4
　　　호, 2003.

미우라 노부타카 · 가스야 게이스케 엮음, 이연숙 · 고영진 · 조태린 옮김, 『

언어제국주의란 무엇인가」, 돌베개, 2005.

민족문제연구소, 『친일파란 무엇인가』, 아세아문화사, 1997.

朴舜愛·裵鍾珏, 「일제말 국어보급운동의 전말」, 『일본어문학』 12, 일본어
　　　문학회, 2000.

박지향, 『제국주의-신화와 현실』, 서울대학교 출판부, 2000.

박지향, 『일그러진 근대』, 푸른 역사, 2003.

백승종, 『그 나라의 역사와 말』, 궁리, 2002.

白川 豊(시라카 유타카), 「장혁주의 생애와 문학」, 『人文論叢』 47, 서울대학
　　　교 인문학연구소, 2002.

保坂祐二, 『日本帝國主義의 民族同化政策 分析 -朝鮮과 滿洲, 臺灣을 중심
　　　으로-』, J&C, 2002.

사카이 나오키, 『사산되는 일본인·일본어』, 문화과학사, 2003.

서은혜, 「김사량(金史良)의 민족아에 관하여」, 『한국근대 지식인의 민족적
　　　자아형성』, 小花, 2004.

石 剛, 『植民地支配と日本語』, 三元社, 1993.

신명직, 『모던뽀이 경성을 거닐다』, 현실문화연구, 2003.

신명직, 「식민지 근대도시의 일상과 만문문화」, 『일제식민지배와 일상생활』
　　　, 혜안, 2004.

신주백, 「일본의 동화정책과 지배전략」, 『일본과 서구의 식민통치 비교』,
　　　선인, 2004.

안우식 저, 심원섭 역, 『김사량 평전』, 문학과 지성사, 2000.

安田敏朗, 『植民地のなかの'國語學'』, 三元社, 1998.

오성철, 『식민지 초등교육의 형성』, 교육과학사, 2000.

윤해동, 「식민지 인식의 '회색지대' : 일제하 공공성과 규율권력」, 『당대비

평」13, 삼인, 2000년 겨울호.

이기훈, 「독서의 근대, 근대의 독서-1920년대의 책읽기」, 『역사문제연구』 7, 2001.

伊東昭雄, 『アジアと近代日本』, 社會評論社, 1990.

李明花, 「朝鮮總督府의 言語同化政策 -皇民化時期 日本語常用運動을 중심으로」, 『한국독립운동사연구』 9, 1995.

이성연, 「열강의 식민지 언어정책에 관한 연구」, 전남대 국문학과 박사학위 논문, 1988.

李姸淑, 「近代日本과 言語政策」, 『日本學報』 제22집, 1989.

李姸淑, 『國語という思想 -近代日本の言語認識』, 岩波書店, 1996.

이옥순, 『여성적인 동양이 남성적인 서양을 만났을 때』, 푸른역사, 1999.

이준식, 「1920~40년대의 대학 제도와 학문 체계」, 『지식변동의 사회사』, 2003.

鄭百秀, 『韓國近代의 植民地 體驗과 二重言語 文學』, 아세아문화사, 2000.

鄭在哲, 『日帝의 對韓國 植民地教育政策史』, 一志社, 1985.

淺田喬二, 『日本知識人の植民地認識, 校倉書房, 1985.

천정환, 『근대의 책읽기』, 푸른 역사, 2003.

崔錫榮, 『일제의 동화이데올로기의 창출』, 書景文化社, 1997

崔由利, 「日帝末期 皇民化政策의 性格 -일본어보급운동을 중심으로」, 『한국근현대사연구』 2, 1995.

崔由利, 『日帝 末期 植民地 支配政策研究』, 國學資料院, 1997.

코모리 요이치 지음, 정선태 역, 『일본어의 근대』, 소명출판, 2003.

하시야 히로시 지음, 김제정 역, 『일본제국주의 식민지 도시를 건설하다』, 모티브, 2005.

한국역사연구회 근현대청년운동사 연구반 지음, 『한국근현대청년운동사』,
　　풀빛, 1995.
한국역사연구회 · 전남사학회 공편, 『광주학생운동연구』, 아세아문화사.

맺음말

식민지 타이완·한국과 인도 3국의 개별적 연구는 일본과 영국의 통치 성격과 방식, 시대와 시간적 차이에도 불구하고 강제된 언어정책이 본질적으로 식민지배자의 헤게모니적 수단으로 기능하였음을 보여준다. 통치를 정당화하는 '야만과 문명의 이분법'이라는 공통의 패러다임에 근거한 인도에서의 영국 식민주의와 타이완·한국에서의 일본 식민주의는 지배자의 언어인 영어와 일어의 습득이 피지배자들이 야만을 벗어나 문명으로 가는 길이라고 가르치는 언어정책으로 연결되었고, 이는 한동안 효과적으로 작동하였다.

'해가 지지 않을 만큼' 대제국을 소유한 영국이 인도에서 택한 식민통치의 주요방식은 일종의 간접통치였다. 영국은 본국과 현격한 차이를 가진 인도에서 엘리트들의 협력을 구하는 방식을 채택하였다. 인도는 본국에서 멀리 떨어져 있었으므로, 광대한 영토와 인구를 가진 인도대륙을 소수의 영국인이 직접 지배한다는 것이 불가능했기 때문이다. 영국은 역사와 문화·언어·인종적으로 완전히 다른 인도인의 도전에 대응할 수 있도록 피지배자를 심리적으로 세뇌하고, 문화적으로 유인하며 정신적으로 통제하는 '효율적' 수단으로 통치자의 언어인 영어를 가르쳤다.

완전히 이질적인 인도에서의 영국과 달리 인종적·문화적으로 유사한 타이완과 한국을 식민지배한 일본은 초기부터 내내 무력적인 직접통치를 추진했다. 타이완과 한국은 지리적으로, 역사적으로 일본 지배자와 가까웠다. 후발 주자인 일본이 타이완과 한국에 적용한 언어정책은 인도에서의 영국의 경험 –실패와 성공– 을 참조하였다. 일

본은 인도에서 간접적 통치의 길을 걸으며 엘리트를 가르친 영국과
는 달리 식민지 타이완과 한국을 직접 통치영역으로 설정하고, 일어
의 이식을 동화의 출발로 확신하여 전면적으로 지배자의 언어를 강
제하였다.

인도에서 영어교육의 최대 기능은 '총명하고 열성적인 협력자'의
양성이었으나, 시간의 흐름과 함께 이들의 공급과잉을 가져왔다. 영
국은 영어를 아는 지식인의 과도한 증가가 정치적 소요와 끝없이 증
대되는 인도인의 요구의 근본 원인이라고 판단하고 19세기 후반부터
는 영어교육의 확산을 막았다. 그러나 엘리트를 열망하는 도시중산
층의 강한 반발과 정치적 음모라고 식민정부를 몰아세우던 인도인
들, 그리고 사립학교가 대부분인 교육제도의 한계 때문에 영어를 가
르치지 않으려는 영국의 시도는 성공을 거두지 못했다.

일본은 타이완과 한국에서 식민통치 초기부터 일어보급운동을 적
극적으로 전개했다. 사회 상층에게만 영어를 가르친 인도에서 영국
이 실패한 것과 달리, 일본은 타이완과 한국에서 일어교육을 통해 전
식민지인의 보다 강압적이고 전면적인 일본에의 동화를 추진하였다.
이는 인도에서 실험한 엘리트에 대한 영어교육이 민족주의와 정치적
소요라는 부메랑으로 돌아온 현실을 보고 학습한 결과였다. 일본이
타이완을 식민지로 삼을 무렵인 19세기 말, 인도에서 영어의 실험은
영국에 의해 이미 실패로 규정된 뒤였다. 일본은 식민지 사회의 상층
과 하층을 모두 아울러 전 주민을 대상으로 언어교육을 적극적으로
실시하였다.

식민지배자 영국과 일본은 자기의 언어를 교육하여 피지배자를
본국 문화에 동화시키려는 근본적인 목표를 공유하였다. 초기 말단
행정직을 구성할 충성스럽고 '값싼' 영어를 해득한 인도인이 필요했

던 영국은 관직 임용에 영어를 아는 사람에게 우선권을 부여함으로써 영어교육을 강력하게 유인했다. 일본도 마찬가지로 식민지 타이완과 한국에서 일어보급정책을 제정하고 적극적으로 일어를 가르쳤다. 식민지인의 언어를 '지방어'로 규정한 일본은 관리를 선발할 때도 일어능력을 요구하여, 지배언어의 유용성과 우월성을 강화하면서 식민지인을 종속화하고 통치를 합리화하였다.

광대한 인구를 가진 인도에서 물리적 한계를 가졌던 영국과 달리 타이완이나 한국보다 큰 일본은 전 식민지인을 대상으로 전면적인 동화정책을 폈으나 양 식민지에서 다소 수위가 다른 언어정책을 실시하였다. 일본은 타이완 점령 초기부터 '국어'라는 이름으로 일어보급을 최우선 정책으로 삼았으나, 식민 초기의 한국에서는 학교 공간을 제외하고는 일어 교육이 활발하지 않았다. 이후에도 다족군·다언어 사회인 타이완에서 일어운동은 '내지연장주의'와 '황민화' 운동의 일환으로 보다 강력하게 추진되었지만, 문화적 단일성을 가진 한국에서의 일어보급은 1930년대 중반 이후 강압적 방법이 도입되었으나 그 강도는 타이완보다 많이 떨어졌다.

위로부터 부과된 언어를 통한 식민통치에 대한 인도·타이완·한국의 반응은 '수동적' 희생자에만 머무르지 않고, 지배자가 부과한 언어를 이용해 자신을 의식하고 '정체성'을 모색하는 능동적 움직임으로 이어졌다는 공통점을 보인다. 여러 민족이 공존하고 여러 언어가 병용되는 인도와 타이완에서는 영어와 일어가 서로 다른 언어를 사용하는 인도인과 타이완인이 상호 소통하여 공동체 의식과 하나로서의 일체감을 강화하는데 긍정적으로 기여하였다. 이와 달리 단일한 언어를 사용하는 식민지 한국의 반응은 양국보다 더 적대적이고 저항적이었다고 말할 수 있다.

지배자가 부과한 언어에 대한 식민지인의 대응과정도 달랐다. 영국의 문화적 지배를 강화하고 피지배자의 종속성을 강조한 인도에서 언어정책은 지배자가 의도하지 않은 결과를 가져왔다. 인도인은 영어를 관직과 부를 가져다주는 유용한 매개로 인식했고 적극적으로 받아들였으나, 곧 그 언어를 배신의 언어·민족주의의 언어로 바꾸었다. 영어를 배운 인도 엘리트들은 영어로 소통하고 지배자와 대등한 위상과 권리를 요구하면서 민족주의운동을 전개하였다. 그들은 인도국민회의를 결성하고 지배자의 언어를 사용하여 지배자를 '저주'하기 시작하였다.

일본의 지배가 확립되고 일어보급운동이 본격화 되면서 언어동화정책에 반발하는 다양한 운동을 전개한 타이완인은 일어운동이 강화되자 유용성의 차원에서 일어와 모어를 병용하기 시작했다. 곧이어 '황민화' 운동이 진행되면서 그들은 일어를 생활언어로 사용하거나 표준 일어를 구사하면서 정체성의 혼란과 타이완(인)으로서의 의식이 형성되는 복합적인 과정을 겪었다. 다종족·다언어 사회인 타이완은 부과된 일어를 통해 공통어를 갖게 되었고 자신을 의식하고 발전시켰으나 인도에서처럼 구체적인 저항의 언어로 발전시키지는 못했다.

강점 초기 식민지 한국에서는 조선총독부의 적극적인 정책에도 불구하고, 민족차별에 대한 한국인의 민족감정으로 일어보급이 순탄치 않았다. 3·1운동 이후 폭발적인 향학열과 1930년대의 공교육 확대, 1930년대 말 전면적인 일어교육의 실시 등으로 한국인의 일어 습득은 크게 확대되었다. 동시에 '민족 정체성'의 분열이 수반되었고, 언어를 통한 동화가 야기한 저항도 시작되었다. 일어를 배운 일부 지식인은 지배체제에 저항하는 민족주의자 및 사회주의자로 성장했고 일부는 '민족어'의 중요성을 깨닫고 '한글운동'을 전개하는 등

능동적으로 움직였으나, 20세기 이후 점차 탈식민화의 길을 걸은 인도의 움직임과는 차이를 드러냈다.

독립한 이후 지배자의 언어가 전 식민지에서 겪은 운명의 궤적은 사뭇 달랐다. 영어는 독립한 인도에서 더욱 중요해졌으나 독립된 타이완과 한국에서 일어는 '국어'의 유효성을 상실함은 물론, 외국어로서의 순기능도 누리지 못했다. 오늘날 인도에서 영어의 유창함은 성공과 상당한 특권을 담보하면서 인도인의 생활에 깊이 뿌리를 내리고 있지만, 타이완과 한국에서 일어는 한동안 단절되고 때로 경멸의 대상이 되었다. 이는 오늘날 영어가 국제적 소통어로서 중요성을 가지는 사실과 무관하지 않으나, 인도에서 영어의 생존을 인도의 문화적 특성과 떼어 생각할 수는 없다.

다원사회인 인도에서 영국의 언어정책이 초기에 성공한 점이나 결과적으로 -마이너리티로- 실패한 과정은 지배자와 문화적 유사성을 가진 일본의 식민지 타이완·한국과 구분된다. 인도인의 영어에 대한 반응은 적극적 저항이나 부정이 아니라 외부로부터, 위로부터의 변화에 적응하는 소극적 전략의 소산이었다. 인도인의 대응방식은 식민지 한국과 달리 영어를 밖에서 침입한 외부자의 언어로 인식하는 배타성을 보이지 않고, 인도 문화의 일부로 만드는 사회의 문화적 융통성과 연계되었다. 그리하여 식민주의에 수반된 지배자의 영어는 독립된 인도에서 사라지지 않고 수많은 인도 언어의 하나로 살아남았다.

인도에서 영어의 발전은 처음부터 끝까지 가파르지 않게 진행되었다. 근대교육을 받은 인도 학생의 증가세를 보아도 1902~41년 사이에 대학생은 약 7배, 초등학교 재학생은 4배 증가하는데 그쳤다. 영어를 해득하는 인도인의 비율도 비슷했다. 그러나 동화를 목표로 일어교육을 강제한 일본의 식민지에서는 인도와 반대의 경향을 보였다. 일어교육 위주의 초등교육이 비약적인 발전을 기록한 반면에 엘리트 교육은 성장 비율이 상대적으로 낮았다. 이는 일본의 식민지에서 영국의 식민지인 인도보다 언어를 통한 보다 강력한 동화가 추진되었음을 알려준다.

그러나 일본은 '한국인이 아닌 한국'을 식민화했고, 결국 일본의 동화정책은 실패했다는 평가가 일반적이다. 일본어를 해득하는 한국인의 비율은 늘어났으나, 일본의 다방면에 걸친 노력에 비할 때 그 결과는 초라했다. 인도에서 그러했듯이 식민지 한국에서도 지배자들에 의한 고용이나 권력의 불평등 탓에 오히려 지배자의 언어를 배운 사람이 민족운동에 동참하는 결과를 낳았다. 그러나 언어정책을 결정하고 집행하는 과정에 직접 참여하면서 더욱 더 지배자의 식민통제를 줄이고 벗어난 인도와 달리 식민지 한국에서 언어정책에 대한 반응은 반일운동이라는 간접적인 형태로만 표출될 수밖에 없었다.

주목할 것은 일본의 식민지인 타이완인과 한국에서 드러나는 오늘날 일어와 일본에 대한 인식의 차이이다. 한국보다 일본의 지배를 더 오래 받은 타이완인이 일제에 대해 '향수'를 갖고 있는 것은 타이완이 종전 무렵 일어의 세계였다는 점과 상관이 있을 것이다. 이는 광복 후 국민당정부가 추진한 '국어(북경어)' 운동을 거부감 없이 받아들이는 동시에 그 확산에 걸림돌로 작동했다. 국민당정부가 국어능력을 인재등용의 기준으로 삼자 증대한 불만은 '2·28사건'의 한 원인으로 작동했고, 이 과정에서 타이완(인)으로서의 의식은 더욱 분명하게 자리를 잡았다.

이에 반해 한국인은 일어를 단일한 민족성을 해체하는 수단으로 인식했다. 특히 일제 말기 강제된 일어보급은 심한 반감과 저항을 받았다. 해방과 함께 일어는 즉시 종말을 고하고 해방공간의 공적·사적 영역에서 사라졌다. 한국어가 국어의 자리로 부활하면서 유일한 언어이자 민족의 언어로 자리 매김하였다. 그리하여 한국어는 1949년 의무교육제도가 법제화되고 한글을 통한 문맹퇴치가 국가 차원에서 추진되면서 국어의 지위를 확고히 굳히게 되었다. 언어문제로 독립 후 비극적 사건을 경험한 타이완과 달리 한국에서 한국어는 국민을 결속하고 통합하는 언어로 정착되었다.

마지막으로 수치를 동원하여 식민지배자가 실시한 언어정책의 성공여부를 비교해보자. 일본이 타이완과 한국에서 장기간 강력하게 추진한 일어보급의 결과로 타이완에서는 전체 인구 중 일어를 해득하는 인구의 비율이 1940년 50%를 넘었고, 1943년 말에는 80%에 이르렀다. 그러나 식민지 조선에서는 그 비율이 35%를 상회하지 못했다. 실제보다 상당히 부풀려졌으나 타이완에서의 일어 보급이 상당한 성과를 거둔데 비해, 식민지 한국에서 모든 수단을 동원해 조선어를 말살하고 '일본화'를 추진한 일제의 시도는 타이완의 경우보다 성공을 거두지 못했다고 할 수 있다.

반면에 식민지 인도에서 영어를 해득하는 인도인의 비율은 1947년 독립 당시에 2%를 넘지 못해 사실상 영국의 인도에서의 언어정책은 실패한 것처럼 보였다. 독립 직전에 실시된 1941년의 인구센서스는 모든 언어에 대한 인도 인구의 문자해득율이 겨우 15%라는 사실을 적시했다. 그러나 영어는 전문직과 관직에 종사하며 사회의 상층을 구성하는 인구와 그렇지 못한 인도인을 하층으로 구분하여 사회를 보다 계층화하는 결과를 낳으며, 독립한 인도에서 여전히 '성공적으로' 영향력을 행사하고 있어 단절과 청산을 논하는 한국과 다른 행보를 보인다.

　여기에서 언급해야 할 것은 식민주의 지배가 오래된 인도는 일본의 식민지가 탄생할 무렵 이미 지방자치단체가 교육에 대해 목소리를 냈고, 1921년 이후에는 인도인 교육부 장관이 전적으로 언어교육의 책임을 졌다는 사실이다. 그러므로 식민정부의 영어교육에 대한 간섭은 상당히 줄어든 상태였다. 이와 반대로 타이완과 한국에서는 '일본화'라는 뚜렷한 목표를 가진 일본이 언어정책을 완벽하게 통제했다. 더욱이 시간이 가면서 점점 더 해방된 인도와 달리 일본의 식민지는 1930년대와 40년대에 더욱 더 강압적인 통치를 겪어야 했다. 따라서 일어보급율을 식민통치의 결과로만 판단하는 것은 정치적 결정론의 함정에 빠지는 위험성을 갖는다.

　일본의 일어정책은 타이완인과 한국인의 정신과 문화, 생활관습에 심대한 영향을 끼쳤고, 이후 나타난 공동체의 분열성이 지금까지 역사의 부담이 되고 있다는 점에서 부분적으로 '성공'했다. 타이완에서는 일어의 습득과 사용, 광복 이후 일어의 사용에서 생겨난 2·28 사건의 비극이 타이완 사회의 화해와 통합을 가로막고 있으며, 한국에서는 일어를 통해 일제의 가치와 이념을 내면화한 사람들이 해방 후 '문화적 헤게모니'를 장악함으로서 식민주의의 잔재가 작동되는 현상을 잇고 있다. 결국 식민주의와 언어가 수반한 동화와 개화의 상흔은 전 식민지 3개국에서 이러 저러한 형태로 아직도 진행되고 있는 것이다.

색 인

ㄱ

간디 93, 101, 109-111

간이국어강습소 25

간이학교 146

강습소 140, 145, 146, 149,
    157

강화도조약 128, 139

개량서당 145

『개조(改造)』 35, 164

객가(客家) 43

객가(客家)인 28, 33

객가어 45, 61

경성유치원 151

경성학당 139

경찰관리 141

계급문제 164

계몽주의 79, 130

계엄통치 50

고다마 겐타로(兒玉源太郎) 16

고바야시 세죠(小林躋造) 22

고사의용대(高砂義勇隊) 13,
    36, 52

고아의식 40, 50

고전어 79, 82, 83, 86-88,
    108

고토 신뻬이(後藤新平) 16

곤도 쥰코(近藤純子) 14

공식어 17, 72, 79, 81, 87,
    111, 112,

공용어 72

공통어(共通語) 33, 52, 193

공학교 18, 19, 22, 26,
    30-34, 50

「공학교규칙(公學校規則)」 18,
    19, 23

관방어(官方語) 33

광주학생운동 165

교부금제도 89

교육령 142, 147, 149

국가교육사(國家敎育社) 17

국민당정부 15, 42, 43, 45,
    46, 48, 50, 52

국민총력조선연맹 149

국어 14, 17, 18, 19, 23, 24,
    26, 34, 39, 41-46, 48-52,
    134, 138, 140, 144, 146,
    156, 159, 161, 175, 176

'국어'(일어)정책 8

국어가정 24, 33, 34, 50